XIAOYUAN
SHUZIHUA

校园
数字化（上）

吕佳航◎编著

中国出版集团
现代出版社

图书在版编目(CIP)数据

校园数字化(上) / 吕佳航编著. —北京：现代
出版社, 2014.1
ISBN 978-7-5143-2167-8

Ⅰ.①校… Ⅱ.①吕… Ⅲ.①数字技术－应用－学校管理
Ⅳ.①G47－39

中国版本图书馆 CIP 数据核字(2014)第 008489 号

作　者	吕佳航
责任编辑	王敬一
出版发行	现代出版社
通讯地址	北京市安定门外安华里 504 号
邮政编码	100011
电　话	010－64267325 64245264(传真)
网　址	www.1980xd.com
电子邮箱	xiandai@cnpitc.com.cn
印　刷	唐山富达印务有限公司
开　本	710mm×1000mm　1/16
印　张	16
版　次	2014 年 1 月第 1 版　2023 年 5 月第 3 次印刷
书　号	ISBN 978-7-5143-2167-8
定　价	76.00 元(上下册)

目 录

绪论 校园数字化的基本理念

一、数字化校园的概念 …………………………………………… 1

二、校园数字化的发展趋势 ……………………………………… 2

三、数字化产业的现状 …………………………………………… 4

四、校园数字化的总体目标 ……………………………………… 9

五、校园数字化的指导思想 ……………………………………… 15

六、校园数字化的基本原则 ……………………………………… 18

七、校园数字化的建设内容 ……………………………………… 22

八、校园数字化的基本作用 ……………………………………… 33

第1章 数字化校园的总体设计

一、设计原则 …………………………………………………… 38

二、总体架构设计 ……………………………………………… 40

三、基于SOA架构的数据集成(交换)的实现 ………………… 53

四、服务器配置建议 ……………………………………………… 58

五、校园数据中心建设规划 ……………………………………… 59

六、数字化校园应用功能规划 …………………………………… 60

第2章 统一信息门户平台

一、门户平台逻辑结构 …………………………………………… 63

二、建设内容 ……………………………………………………… 64

三、内容管理平台 ………………………………………………… 64

四、移动应用平台 ………………………………………………… 66

第3章 统一身份认证

一、统一身份认证的建设内容 …………………………………… 67

二、统一身份认证系统的设计原则 ……………………………… 69

第4章 数据中心

一、数据中心架构核心作用 ……………………………………… 71

二、数据交换实现原理 …………………………………………… 73

第5章 数据存储解决方案

一、方案概述 ……………………………………………………… 77

二、需求分析 ·· 77

三、方案设计原则 ······································· 78

四、可扩展性原则 ······································· 80

五、系统总体设计结构图 ···························· 81

六、系统的总体结构说明 ···························· 81

第6章　网络教学平台设计(上)

一、系统体系结构 ······································ 83

二、系统功能分析 ······································ 84

三、网络学习平台 ······································ 109

绪论　校园数字化的基本理念

一、数字化校园的概念

数字化校园是以数字化信息和网络为基础，在计算机和网络技术上建立起来的对教学、科研、管理、技术服务、生活服务等校园信息的收集、处理、整合、存储、传输和应用，使数字资源得到充分优化利用的一种虚拟教育环境。通过实现从环境（包括设备、教室等）、资源（如图书、讲义、课件等）到应用（包括教、学、管理、服务、办公等）的全部数字化，在传统校园基础上构建一个数字空间，以拓展现实校园的时间和空间维度，提升传统校园的运行效率，扩展传统校园的业务功能，最终实现教育过程的全面信息化，从而达到提高管理水平和效率的目的。

现代信息技术的运用，能够帮助学校改革教育教学内容和方法，有助于建立基于信息化的教育新模式，能够提升学校管理效率和水平，为实现学校的发展战略目标提供支持。

学校教育信息化的建设和发展，主要包括 3 方面内容：信息化基础设施、校务管理系统、数字化学习系统的建设。其中，基础设施建设是数字校园的基础，主要包括校园网络建设、智慧教室等内容的建设。校务管理系统建设信息化管理应用建设主要指学校各类数据、信息、资源的整合、共享以及家校企互动交流的建设，包括协同办公、教务管理、学生工作管理、师资管理、后勤管理、安全管理等。数字化学习平台则包括了数字化教学资源库、教学平台与试题库平台等。

其中，信息化管理应用建设需要围绕学校的核心——"教学、服务、管理"展开，促进个性化学习和开放化、远程化、网络化的教育新模式形成，实现教学资源、教科研数据和管理信息化等方面的跨时空交流和共享，形成更积极、开放的学习文化，并且提高管理效率。

二、校园数字化的发展趋势

国内外政府部门和高校对校园信息化工作不断加大投入，更多的高校制订了整体建设规划和财务预算；以统一规划、分步实施为主要特征的数字化校园，已成为高校信息化建设的主流；信息标准体系、安全保障体系、运维保障体系，已成为今后学校信息化建设与运行维护的重点；校园信息门户、统一身份认证、数据交换与共享（数据中心平台）等基础平台建设，为学校各部处建设相关的管理应用系统；数据资源库建设，公共通讯平台（邮件、即时通讯、短信等）和校园电子商务（与一卡通结合）将是今后信息化建设的热点；对师生用户提供方便、快捷、有效的信息服务和培训是今后信息化校园的工作重心。

目前校园信息化建设领域未来的发展主要围绕综合服务、资源共享、协作应用、移动应用、物联网以及云计算等层面展开。

1. 综合服务

面向师生的综合服务是未来中高职信息化建设的主流趋势，信息化需要为师生提供个性化的服务，让师生享受到信息化带来的便利和乐趣。

2. 资源共享

随着信息化技术的不断成熟以及在中高职领域的不断发展，使得中高职的信息化发展必然向智能化、自动化和人性化的方向发展。实现各类信息资源的快速传递与共享，并可依赖于先进的技术手段快速、便捷地获取信息。

3. 协作应用

学校作为一个小型的社会，包含各个层面的用户群体，学生之间、师生之间涉及大量围绕教学、科研、日常生活的协作互动，而人与人之间的互动交流的信息化建设也是未来中高职信息化建设的主题。

4. 移动应用

随着 3G 技术的不断成熟、3G 资费的不断下调，使得更多的学校有条件为广大的师生提供更贴身更便捷的信息化服务，方便用户随时随地访问学校的信息化资源。也为家校互动、校企互动、校园文化建设提供了便捷的手段。

5. 物联网

物联网的兴起，为校园安全、节能环保工作带来新的思路，未来中高职将逐步采用物联网技术，构建教学、科研、管理、校园生活为一体的一种新型智能化环境，为创建"平安校园""节约型校园"打下良好基础。

6. 云计算技术

随着云计算技术的不断成熟以及在中高职领域的不断渗入，使得未来中高职的信息化发展必然向云计算的方向发展。其实，云计算提供了一种管理大量虚拟化资源的方式，它们可以被自动地汇聚并提供服务，可以弹性地进行服务的提供和扩展。这样的一种模式，将会给中高职的信息化建设带来崭新的业务模式，为用户带来全新的体验。

三、数字化产业的现状

数字化产业已经由原来的注重产品价格向着注重产品质量和服务方向转型，尤其是教育领域。教育涉及千家万户，教育信息化已成为为人民群众提供公平的受教育机会，解决教育资源分配不均，满足群众对发展教育的期望，推动教育在更高起点上实现更大发展的重要力量。加快教育信息化建设已成为我国教育事业改革与发展的必然选择。

从总体上看，我国教育信息化建设取得了重大历史性突破，但同时面临着一系列突出的问题。一是信息化基础设施建设仍处于低水平状态，缺乏统筹有效的投入机制。信息化基础设施不能有效满足各级各类教育的发展需求。在投入内容上，重建设轻应用的现象仍普遍存在。

在信息化的应用上存在着下列问题：

角　色	存在的问题
学生和教师	**现有应用重管理轻服务现象严重，为师生提供的信息服务不够全面** 业务部门管理信息系统建设过程中主要解决部门内部的流程及管理数据的积累，疏忽了为师生提供的教学服务与生活服务。为教师、学生提供管理服务的各个流程、所提供的信息被业务单元切分，相互割裂，应用系统未能遵循统一的规范和技术规格使得应用集成整合的难度加大。

角 色	存在的问题
学生和教师	**多重身份和密码体系，多重登录界面，师生使用方便性不够** 现有的校园网上面向全校师生访问的系统，各自维护和管理自己的用户信息，用户在访问不同的系统时，不仅需要输入不同的访问网址，而且还需要记忆不同的用户名/密码。同时，多个系统存在多套访问页面，且界面风格各异，用户无法通过终端界面统一获取已有的各类信息及服务，当各类应用新增和更新时也无法获知，这些现状给用户的使用带来了极大的不便。 **资源的有效利用率不足** 学校积累了大量的数字化资源，但是教育资源仍然显得不够丰富，对资源的深层利用考虑不足，没有与现代化教学设备以及教学管理过程结合在一起，教师的教学方式和学生的学习方式没有随着信息化建设而发生根本改变，造成了资源浪费。 **师生信息化素养培训没有常态化** 教师的信息化素养提升能够促进教师通过信息化手段改进教学，学生的信息化素养的培养是学校对学生进行综合素质教育的重要组成部分。在以前信息化建设时，对教师有培训，但没有形成培训与考核体系；学生的信息化素养也没有有计划地进行提升。师生的信息化素养水平也影响了学校信息化的建设。

角 色	存在的问题
行政办公人员	**业务系统建设不足，重要岗位和工作仍然采用纯手工方式操作，效率低下** 学校目前在运行的系统更多的是下发系统，自建系统较少或者采购时间较长，已经不能满足教师的工作需要。像教学管理、学生德育管理等业务都还在采用纯手工的方式操作。不仅效率低下，也容易出错。 **缺乏数据标准，业务系统之间数据难以共享，给各部门的协作业务处理带来困难** 各部门在进行本单位信息化建设时均是立足于解决本部门工作的需要，各个系统都是于不同的时间，采取不同的标准和数据库，系统间彼此独立，各自为政，从而形成了校园网上一个个"信息孤岛"，信息和资源无法实现高效共享，也造成了信息的重复管理，数据无法实时更新，同一个类别的数据在一个系统上也许已经更新，但是在另一个系统里却没有变化，源数据获取困难，各部门需要其他部门分管的数据时甚至还有赖于落后的电话、Excel 文档、人工拷盘甚至是纸质介质等低效率的方式。 **各个业务系统对相同的数据重复管理，效率低下** 行政办公人员在多套系统中需要对相同的数据进行重复的管理，浪费了人力成本。同时，由于数据多源头管理，权责不清，造成数据的混乱和错误，当需要进行数据统计时，需要进行大量的数据校对和整理工作，严重影响了业务人员的工作效率，对上层应用造成了障碍。

角　色	存在的问题
行政办公人员	**现有办公协同手段单一，制约了办公人员的工作效率** 当前系统为行政办公人员仅提供了基本的查询、统计等事务性的功能，尚不能通过包括短信、即时通讯工具等多种手段，进行业务的协同、资源的共享和待办的集中提醒，系统协同功能急需扩充。
信息化管理人员	**缺少统一的技术体系标准及详细的整体建设规划，不利于长期发展** 在信息化建设过程中，业务系统由各个部门主导完成，缺少技术及功能的长期规划，主要解决当期的、局部的需求满足，各部门独立建设、独立维护，没有形成统一管理，有的甚至造成系统的重复建设，不利学校信息化的长期发展，造成了严重的资源浪费。 **各部门的信息化建设发展不均衡，但业务部门感受不到这种不均衡带来的压力** 学校各个部门信息化的意识有别，部分管理人员信息管理意识淡薄，不懂得或不愿意利用现代信息技术来提高工作效率，导致了围绕各个部门的信息化水平不一，发展相互脱节甚至相互制约，导致信息化成本与收益极不对称。 **业务系统的开发和维护模式不统一，更新维护困难** 系统的开发平台、数据库和运行环境千差万别，没有明确的技术规范和要求。随着校园网上应用和资源越来越多，应用缺乏有效的组织和管理，技术升级存在风险，从而也带来业务系统维护成本不断增加的问题。

角 色	存在的问题
校领导	**已有数据质量差，给全局性的数据统计与查询造成障碍** 对同一个数据，由于重复录入、录入时的差错和统计标准不统一，由不同的系统提供就可能产生不同的结果，各个系统提供的统计数据不完全一致，数据质量低下，使得学校无法通过现有的系统获取学校真实的全局统计数据，例如学生生源情况、学费缴纳情况、全校教职工比例情况、各部门科研经费情况等。 **对历史数据的收集、整理和保存工作做得不够，无法指导学校领导进行科学的决策** 目前学校使用的大多软件局限于查询、统计、打印报表等事务性处理，具有辅助决策分析功能的不多。学校在办学过程中积累了大量的原始数据，这些原始数据亟需按主题进行收集整理，构建数据仓库系统加以充分利用，获取例如学校资产变化情况、学生就业率、各专业课程数量变化历史对照分析等主题的数据分析结果。这些信息和数据是辅助校领导进行科学决策的重要依据，对学校今后发展具有十分重要的现实意义。

四、校园数字化的总体目标

通过数字化校园项目建设，构建能够满足数字化校园应用长期持续发展的应用框架，通过这一稳定、可扩展的应用框架为应用系统建设提供良好的支撑和服务。该应用框架将充分支持于高校的应用需求和未来发展，同时考虑到系统的总体拥有成本，必须采用先进的理念和思路，辅以成熟的、主流的、符合未来发展趋势的技术，运用现代系统工程和项目管理规范标准，科学合理地进行建设。

学校进行数字化校园规划的总体目标为：以国家示范校建设为契机，按照国家示范校建设的要求，结合学校目前的现状及战略发展方向，构建一个集教学、管理、科研、校园文化为一体的数字化教育环境，推进教育改革，提高教学效益，创建信息化建设特色与示范学校，服务学校师生与领导决策。数字化校园的建设是一个系统工程，它涉及多个设计细节和执行环节，需要从学校整体的高度全盘考虑。通过持续建设，建设具有学校自身特色、符合学校自身情况的数字化校园平台，通过组织和业务流程再造，推动学校进行制度创新、管理创新，实现教育信息化、决策科学化和管理规范化。从而达到消除信息孤岛、建立信息与应用规范、提供集成的个性化的服务的目的。

建成完整统一、技术先进，覆盖全面、应用深入，高效稳定、安全可靠的数字化校园，消除信息孤岛和应用孤岛，建立校级统一信息系统，实现部门间流程通畅，可平滑过渡到新一代技术，对校园的各项服务管理工作和广大教职工提供无所不在的一站式服务。提高工作效率，提高管理效率，提高决策效率，提高信息利用率，提高核心竞争力，总体水平达到国内一流，满足教学、科研和管理工作的需要。具体目标就是实现"六个数字化"和"一站式服务"：

（一）环境数字化

构建结构合理、使用方便、高速稳定、安全保密的基础网络。在此基础上，建立高标准的共享数据中心和统一身份认证及授权中心，统一门户平台以及集成应用软件平台，为实现更科学合理的校园数字化环境打下坚实的基础。

（二）管理数字化

构建覆盖全校工作流程的、协同的管理信息体系，通过管理信息的同步与共享，畅通学校的信息流，实现管理的科学化、自动化、精细化，突出以人为本的理念，提高管理效率，降低管理成本。

（三）教学数字化

构建囊括全日制教育、继续教育和成人培训等在内的综合教学管理的数字化环境，科学统一地配置教学资源，提高教师、教室、实训室等教学资源的利用率，改革教学模式、手段与方法，丰富教学资源，提高教学效率与质量。

（四）产学研数字化

构建数字化产学研信息平台，为产学研工作者提供快捷、全面、权威的信息资源，实现教学、科研和实训一体化，提供开放、协同、高效的数字化产学研环境，促进知识的产生、传播与管理。

（五）学习数字化

构建先进实用的网络教学平台，整合、丰富数字化教学资源，创造主动式、协同式、研究式的数字化学习环境，建立师生互动的新型教学模式。

（六）生活数字化

构建便捷、高效、高雅、健康的数字化生活环境和电子商务服务平台，利用一卡通系统，实现校内外主要消费流通、学生入学缴费、身份认证及门禁管理等。

（七）一站式服务

实现教职工和学生的管理、教学、科研、学习、生活等主要活动的一站式服务，提高对师生服务的水平，提高对社会的服务能力。

校园信息化全面实现后，大学功能、范围将得到自然扩展，使学校的教学、科研和管理突破传统的概念，延伸其内涵，成为一个可以覆盖网络可达范围的无围墙的数字化校园。

总体规划层次结构图如下：

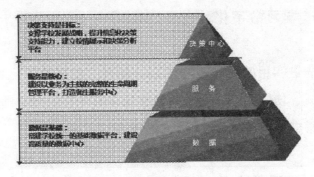

在建设中，将以"数据、服务、决策"三大中心为信息化业务发展建设方向。主要涵盖以下几个方面：

1. 完善基础设施建设

在现有校园网的基础上，进一步对校园网进行整合，优化网络结构；建设无线校园网，实现主要区域的无线覆盖；完善网络安全体系，保障数字化校园的建设需要。

建设智慧教室、信息亭等基础设施，为改革传统教学方法和模式，构建多维教学环境打下良好基础。

2. 建设数字校园标准规范，创建公共数据共享中心

软件开发遵守标准，如中高职学校管理信息标准（JY/T 1005-2011）、教育行政管理信息标准（JY/T 1003-2011）、SCORM 2004 标准。

建立一套立足于应用建设长期发展的标准体系。通过校内信息标准的建设，指导学校的信息化建设，为学校信息化长期发展奠定基础。

通过创建全校公共的共享数据中心，整合学校现有资源，集中存储，打破部门边界，消除数据孤岛，实现资源的有效共享与利用。

3. 建设以业务为主线的完整的生命周期管理平台，打造信息服务中心

基于"顶层设计"的思想，借鉴国际先进的设计理念和行业优秀的业务实践，融入学校特色，建立一套以教学为核心，围绕学生文化课基础教育、行为养成、技能培训等环节，搭建整体运营的管理平台。贯穿于教学、科研、管理与服务四大核心业务智能化服务模式。达到统一高效、互联互通、信息共享目标。通过应用的不断升级和改进，实现管理过程和为师生服务能力的提升。同时为全校师生提供丰富的教学和学习资源，加速师生信息素养的提升。

提供快捷、高效、多种形式的交流和互动手段，包括校领导、教师、学生、家长、社会公众在内的各类用户，实现主动和可控的

交流。

4. 建设共享型教学资源库与网络学习平台，推进数字化教学模式

充分利用外购资源与校本资源，根据学校专业特色和课程设置，形成完整的专业体系、课程体系。建设基于资源学习、评价、交互的网络学习平台，方便师生随时随地学习。逐步推行视频公开课和开放课程，实现社会化培训，创新教学模式，服务社会公众。

5. 提供用户服务中心，方便师生、家长获取信息与互动

完善学校门户网站建设，提供学校信息公开和宣传的空间。日常开展专业体系展示、课程体系展示、信息公开等重要工作，增加学校的对外宣传力度。

为用户提供统一信息服务入口，打造个人信息服务中心，让信息化建设为全校师生提供更及时、便捷的服务。

提供快捷、高效、多种形式的交流和互动手段，包括校领导、教师、学生、家长、社会公众在内的各类用户，实现主动和可控的交流。

6. 支撑学校发展战略，提升信息化决策支持能力，建立专门的校领导工作平台

为校领导提供工作平台，为学校的决策提供有效支撑手段。通过各类主题分析、中高职办学指标等重要数据的日常监控，支撑学校教学、科研、财务、资产等业务的及时查询、综合报表、分析、预测、预警、评估等功能，为学校各用户提供数据服务，为校领导

提供决策支持。

7. 建立面向长期发展的运维和服务支撑体系

形成规范的管理规章制度、建设管理技术队伍，保障数字校园顺利建设和应用发展。

8. 建立和完善师生信息化培训体系

建设信息化管理队伍制定管理规章制度，进一步完善师生信息化培训体系，培训内容、培训方式、考核方式三者协调统一，做好信息化培训工作，进一步提高师生信息化素养与信息化应用水平。

9. 建立安全审计体系

从方案规划开始，就充分重视信息安全问题，建立相应安全制度，对各类人员进行安全培训。在系统设计、开发全过程，贯彻安全思想，建立数据审计体系。对数据操作做到有章可循、有日志可查。

五、校园数字化的指导思想

数字校园综合管理平台的建设须坚持"统一规划、分步实施、加强应用、整合资源、共享数据"的指导思想。

（一）统一规划

站在学校整体高度出发，进行统一规划，并且考虑建设模式、队伍建设、投入等多方面因素。规划内容需要涵盖基础设施建设、信息资源建设、应用系统建设、安全保障制度、人才培养等内容。

高校数字校园综合管理平台建设是一个庞大的系统工程，涉及到计算机技术、网络技术、通讯技术与网络工程、软件工程、项目管理等多个方面，具有投资高、建设难、周期长、涉及部门和人员多等特点，因此建设之前必须站在整个学校的层面，做好项目分析和规划设计工作，整体考虑、统一规划，确保统一的信息标准、统一的技术路线、统一的基础架构和统一的组织管理。

（二）分步实施

数字化校园建设的各个环节相互关联，需要在建设的过程中，有计划、有步骤地实施。数字化校园建设的规划根据学校的需求和业务流程的特点，制订合理的分步实施规划。高校数字校园综合管理平台建设是一个建设周期比较长的项目，涉及到需求调研、方案论证、系统选型、部署与集成、人员培训、推广应用、运行反馈、修改完善等多个过程，因此整个建设过程必须统筹安排、分步实施，确保项目的进度和质量、降低项目失败的风险。

（三） 加强应用

高校数字校园综合管理平台建设的核心目的就是"应用"，使各个职能部门实现管理信息化，实现上下级部门之间更简便快捷的沟通，实现不同职能部门之间的数据共享与交换，提高决策的科学性和民主性，减员增效，形成充满活力的新型管理机制，为广大师生提供个性化的综合信息服务。因此，数字校园综合管理平台建设必须时刻坚持以应用为主导、优先确保应用系统建设，加强应用、以"应用起来"为主要目的。

数字化校园的建设规划从学校的特点和需求出发，促成实际需求和服务模式的有效结合，切不可一味地追求大而全，也不可一味地追求技术的先进性。应用是数字化校园的灵魂，数字化校园的魅力只有在丰富多彩的应用中才能体现出来，因此，应用系统和服务的建设是数字化校园建设的核心内容。

（四） 整合资源

高校数字校园综合管理平台是一个庞大的系统，许多高校经过十多年的信息化建设，购置、开发了不少应用系统，沉淀了大量的信息资源，平台建设必须考虑保护原有的投资、充分利用已有的信息资源，充分发挥它们的作用。数字化校园的建设应重视信息标准建设、应用支撑平台、配套规章制度等数字化校园基础类建设。

因此，数字校园综合管理平台建设必须不断整合已有的信息资源、开发新的资源，建设集中的信息资源管理机制。数字化校园的建设要面向成果保护、学校发展、技术创新。所以，数字化校园的建设规划必须满足建设过程中的可扩展、可兼容，尽可能采用符合国际行业标准的产品。

（五）共享数据

数字化校园的目的是以信息化带动教育现代化。在建设规划时需要充分考虑信息化建设与师生信息素养的有机结合与协调发展。教师是学生获取信息技术能力和素养的重要源泉，教师能否掌握并能应用现代信息技术是推动学校教育信息化的关键。

大部分高校原有的多个应用系统不能互联互通、不能共享数据，形成一个个信息孤岛，导致重复建设、重复工作，严重影响了学校的信息化建设和日常管理工作。因此，数字校园综合管理平台建设必须确保各个应用系统之间的数据共享与实时交换。

六、校园数字化的基本原则

高校数字校园综合管理平台的建设须坚持"先进性、实用性、开放性、标准化、可靠性、稳定性、可扩展性、易升级性、安全性、保密性、易维护性、可管理性"的设计原则。

（一）先进性

高校数字校园综合管理平台建设采用先进的思想、成熟的技术与设计方法，符合当前潮流与未来发展趋势，以便跟上信息技术的发展，具有较强的生命力，具有长期使用价值。

（二）实用性

高校数字校园综合管理平台建设的核心目的就是"应用"，须坚持实用的设计原则，紧紧围绕学校的实际需求。在能够满足学校数字校园综合管理平台建设要求的前提下，尽可能以少的投入，取得尽可能大的效益。

（三）开放性

高校数字校园综合管理平台具有良好的开放性和兼容性。采用面向服务的公共管理平台，通过信息门户、统一身份认证和公共数据交换，整合、集成各类应用系统和各种信息资源，以尊重历史、满足现状、适应发展。

（四）标准化

高校数字校园综合管理平台符合业界主流标准与规范，包括基础架构与各个应用系统，包括系统集成与数据整合，均遵循标准化原则，不依赖特定的网络、系统软件与硬件，能够部署并运行在各种主流的软硬件环境中。

（五）可靠性

高校数字校园综合管理平台支撑着整个学校的日常管理，必须具有高可靠性、高容错性和强大的数据处理能力。使用成熟的热备份技术和集群技术，以确保不间断运行、确保局部出错不影响整体、确保快速响应。

（六）稳定性

高校数字校园综合管理平台必须具有良好的稳定性，保证持续运行时间长、故障间隔大、无故障时间长。

（七）可扩展性

高校数字校园综合管理平台必须具有良好的可扩展性，对于管理模式的变化、组织机构职能的调整、业务流程的改变等，能够通过规则引擎简便配置即可快速适应变化、满足需求。

（八）易升级性

高校数字校园综合管理平台采用独创的版本控制机制与更新包技术，能够简便快捷地完成平台整体或部分的版本升级。

（九）安全性

高校数字校园综合管理平台涉及到学校各个职能部门的大量敏感数据，安全运行至关重要。必须构建全方位、多层次、完善的安全保障体系，通过安全制度建设和安全教育培训，在保证物理安全和网络安全的基础上，保证数据安全。根据基础架构及各个应用系统的设计要求，采取不同的安全策略与安全措施，保证系统安全。

（十）保密性

高校数字校园综合管理平台通过身份认证、角色定义与权限分配，确保每个用户能且只能访问相应的信息资源与应用服务。

（十一）易维护性

高校数字校园综合管理平台的用户包括校领导、各个职能部门的管理人员、教师教辅人员和学生，必须坚持易维护的设计原则，确保结构清晰、界面友好、操作简单、维护方便。

（十二）可管理性

高校数字校园综合管理平台具有高可管理性，使得平台管理员和运行维护人员的管理简便快捷，降低运行维护费用。

数字化校园涵盖校园生活的诸多方面，应进行统一规划、承前启后、分步实施。数字化校园从总体规划建设上分为 3 层结构：服务接入、校内管理层、基础设施层。满足以 Internet、移动计算机、移动电话以及校内师生员工在任意时间（AnyTime）、任意地点（AnyWhere）、任意方式（AnyType）的访问及应用（AAA 应用）。

服务层：包括门户接入、目录服务、WWW 服务，其中 WWW 服务涵盖校内管理的诸系统应用。

校内管理层：主要由校内信息服务（包括办公系统、人事、财务、教务、学生、科研、物资仪器设备管理系统、校园地理信息系统等）、数字图书馆、数字档案馆、数字博物馆、远程教育、校园一卡通、身份认证系统、知识管理系统等构成。

基础设施层：包括网络基础平台、优化配置的数据库群、E－mail、DNS、FTP 等网络基础服务设施。

七、校园数字化的建设内容

大学数字化校园建设应首先提出总体解决方案，确定数字化校园的体系结构，制定数字化校园的信息标准，以及各系统之间的接口标准。

信息化标准建设的目的在于满足学校信息系统建设的需要，加强信息化建设的统一领导，建立信息化标准的管理体系，统一、科学、规范地分类和描述信息，保证信息在采集、处理、交换、传输的过程中有统一规范可循，使学校信息能有序流通、发挥信息资源的综合效益。

（一）数字化校园管理信息化相关标准

1. 教育信息化技术规范

包括教育信息化技术规范、网络教育技术规范、教育和训练技术规范、计算机化训练规范、计算机辅助教学规范、智能授导和元数据规范等。

2. 软件设计与开发规范

（1）工程方法

在软件设计、开发过程中，运用新一代软件工程开发方法（Rational Unified Process）体现迭代式增量开发、使用模型驱动、以软件体系结构为核心的 3 个鲜明特征。

（2）设计开发的标准

国际标准：

信息技术互联国际标准（ISO/IEC 11801 – 1995），以及与其等同的国家标准。

软件设计开发国家标准:

GB 8566	1988	计算机软件开发规范
GB/T 11457	1995	软件工程术语
GB/T 12504	1990	计算机软件质量保证计划规范
GB/T 12505	1990	计算机软件配置管理计划规范
GB/T 14079	1993	软件维护指南
GB/T 14085	1993	信息处理系统计算机系统配置图符号及约定
GB/T 15532	1995	计算机软件单元测试
GB/T 15538	1995	软件工程标准分类法
GB/T 15853	1995	软件支持环境
GB/T 16260	1996	信息技术软件产品评价质量特性及其使用指南
GB/T 16680	1996	软件文档管理指南
GB/T 17544	1998	信息技术软件包质量要求和测试
GB/T 18234	2000	信息技术 CASE 工具的评价与选择指南
GB/T 18491.1	2001	信息技术软件测量功能规模测量第 1 部分:概念定义
GB/T 18492	2001	信息技术系统及软件完整性级别
GB/T 18905.1	2002	软件工程产品评价第 1 部分:概述
GB/T 18905.2	2002	软件工程产品评价第 2 部分:策划和管理
GB/T 18905.3	2002	软件工程产品评价第 3 部分:开发者用的过程
GB/T 18905.4	2002	软件工程产品评价第 4 部分:需方用的过程

GB/T 18905.5	2002	软件工程产品评价第 5 部分:评价者用的过程
GB/T 18905.6	2002	软件工程产品评价第 6 部分:评价模块的文档编制
GB/T 8566	1995	信息技术软件生存期过程
GB/T 8566	2001	信息技术软件生存周期过程
GB/T 9385	1988	计算机软件需求说明编制指南
GB/T 9386	1988	计算机软件测试文件编制规范
GB/Z 18493	2001	信息技术软件生存周期过程指南
GB/Z 18914	2002	信息技术软件工程 CASE 工具的采用指南

行业标准:

HB 6464	1990	软件开发规范
HB 6465	1990	软件文档编制规范
HB 6466	1990	软件质量保证计划编制规定
HB 6467	1990	软件配置管理计划编制规定
HB 6468	1990	软件需求分析阶段基本要求
HB 6469	1990	软件需求规格说明编制规定
HB 6698	1993	软件工具评价与选择的分类特性体系
HB/Z 177	1990	软件项目管理基本要求
HB/Z 178	1990	软件验收基本要求
HB/Z 179	1990	软件维护基本要求
HB/Z 180	1990	软件质量特性与评价方法

HB/Z 182	1990	状态机软件开发方法
SJ 20778	2000	软件开发与文档编制
SJ 20823	2002	信息技术软件生存周期过程配置管理
SJ/T 10367	1993	计算机过程控制软件开发规程
SJ/T 11234	2001	软件过程能力评估模型
SJ/T 11235	2001	软件能力成熟度模型

信息标准与数据规范内容：

信息化标准与规范系统是立体的、结构化的，包括信息化基础设施规范、应用系统规范、信息编码规范、用户规范和信息化管理规程等几个大的方面。其结构如下图所示：

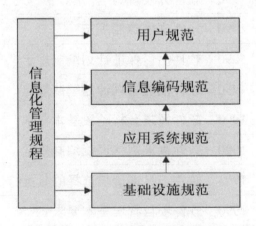

信息化标准与规范系统结构

希望通过项目的建设在遵循国家、教育部标准的基础上和学校一起改进和完善标准内容，最终形成一套完整的、符合学校现状及未来发展要求的信息化标准体系。

软硬件平台标准：

信息系统的基础设施包括计算机硬件系统（服务器、个人计算机、其他设备等）、计算机软件系统（包括操作系统、数据库平台、应用平台等）、网络基础设施与服务等。随着 IT 产业的迅猛发展，计算机软件也是日新月异。

目前，硬件、软件管理规范不可能定出具体、详细的条目。但规划、选购硬软件决不可掉以轻心，不仅要看同类设备的性能价格比，还要看该产品是否可满足学校整体信息化建设的需要，是否为市场的主流产品，是否有发展前途。在一个学校中，从硬件（如服务器、网络设备）到软件（如操作系统、数据库系统等）均应有一种（或两种）主流产品作为推荐标准。如数据库管理系统，市场上产品现在有大大小小十几种，在一个学校中应该选用一种能够满足分布式计算需要的数据库系统作为主要平台。如果不加控制地引进势必造成混乱，使数据交换、共享更为困难。

制定基础设施规范应考虑以下几个因素：

①其功能指标能否满足校园整体信息化建设的需要（是否适合网络计算、稳定性、安全性等）；

②其基本性能能否满足今后若干年的需求（速度、容量等）；

③是否符合国际、国内标准；

④是否是主流产品或者与其他主流产品兼容；

⑤产品的技术支持和服务质量；

⑥是否代表新的发展方向。

通过院校数字化校园的建设，确定学校信息化建设的软件、硬件的标准，作为今后新的应用的平台标准。

信息编码标准：

相对于国家所建立的较完整的信息分类编码规范体系，学校若想在内部实现信息化，必须建立学校的信息分类编码标准体系，应当在教育部推出的《教育管理信息化标准》基础上，结合调研校内各业务部门的业务、数据，组织编写校教育信息编码集。

信息标准在全校范围内为数据库设计提供了类似数据字典的作用，为信息交换、资源共享提供了基础性条件。信息标准在新的形势下应该有新的拓展，在建设过程中，对学校教育信息编码集是个验证完善的过程，也是个扩展补充的过程。

信息编码管理主要包括以下内容：

信息编码管理内容

内　容	使用工具	描　述	备　注
信息编码表结构设计	数据建模工具	使用数据建模工具，设计信息编码的表结构	国家、教育部标准和校标准表均通过数据建模进行结构设计
信息编码数据导入	数据初始化工具	将存放于ACCESS文件中的标准数据文件导入数据中心	这里的标准涉及国标、部标等，产品提供国标和教育部标准

内　　容	使用工具	描　　述	备　　注
执行标准维护	维　护工具	对标准进行的增、删、改操作进行审计管理	管理中涉及审核机制，对所有修改、删除操作进行记录
业务系统获取执行标准数据	数据订阅服务	业务系统通过数据订阅服务确定获取标准的内容、方式等	业务系统对信息编码的订阅均指对信息编码的数据进行订阅

应用系统规范：

应用系统是面向最终用户的，其质量的高低，直接影响管理效益、效率的提高。无论是购买还是自行研制，应用软件应具有以下性能指标：

①适应科学的管理体制，代表先进的发展方向；

②数据设计符合信息标准及应用规范；

③功能齐全，满足需求；

④与相关应用系统的数据交换接口；

⑤提供应用访问接口；

⑥符合一定的应用管理规范，能够与其他应用系统集成；

⑦通用性、扩展性，易操作；

⑧信息安全性能；

⑨技术文档齐全规范（源程序、技术文件）。

这里不能忽视的是要适应科学的管理体制，尤其是管理软件首先要能满足科学、合理的管理机制。以教学管理软件为例，学分制、集中式教学管理显然能较好地配置学校的教学资源（师资、教学设施）和最大限度地调动学生的积极性。如果采用不科学的管理体制，投入巨额资金购买或开发的系统就可能无法使用或寿命短暂。

数据交换规范：

数据交换规范采用 XML、WebService 作为数据传输的标准。采用 JMS 消息传递机制，帮助用户建立统一的数据传输与数据交换规范，实现不同部门间、不同应用系统间的数据交换，具有良好的扩展性。

本标准内容将在数据集成平台中具体实现。

文档数据规范：

依照《国家电子政务标准化指南》中所规定的《基于 XML 的电子公文格式规范》。在开发过程中形对其进行扩展、完善，形成阳江职业学院公文文档数据格式规范。方便未来的电子公文管理和交换，实现公文的统一存储，规范公文的处理过程。

（二）网络安全

建立全校的网络安全体系，保证校园网络的安全，保证关键数据、关键应用的安全以及关键业务部门的安全，实现校园网络及其应用系统的安全高效运行。

（三）校园信息管理

建设一整套校园信息管理系统，为实现"网上办公、网上管理、网上教学、网上服务"提供全面的系统支持。

（四）数据中心建设

建设一个为全校服务的数据中心，保证数据实时更新和高度一致。

（五）统一信息门户

建立一个信息的集成平台，将分散、异构的应用和信息资源进行聚合，通过统一的访问入口，实现结构化数据资源、非结构化文档和互联网资源、各种应用系统跨数据库、跨系统平台的无缝接入和集成。

（六）身份认证系统

建立统一的身份认证中心。集中进行身份认证，保证用户电子身份的唯一性、安全性、便捷性、真实性与权威性，提高数字化校园应用系统的安全性。

（七）校园一卡通建设

校园一卡通建设，必须满足数字化校园的整体规划设计，一卡通的设计要架构在校园网上，不仅具备消费功能，而且还要具备身份识别和校务管理功能。正确处理好一卡通与其他已有的信息系统

（如图书管理系统、人事、财务、教务等管理系统）的对接和系统数据共享问题是"数据集中"和"应用集成"的重要关键。

建设数字图书馆、校园无线网、构建远程教育平台、教育资源建设等也是数字化校园建设的重要内容。

1. 数字化校园与院校通的关系

院校通系统是针对学校的信息化管理，将学校的信息数字化共享，从而达到数字化校园的体系。

校园一卡通系统以学校校园网为载体进行建设，是集身份识别、校内消费、校务管理、金融服务为一体的新型数字化校园核心应用项目，它不仅是数字化校园系统的重要的有机组成部分之一，是数字化校园的基础工程，是教育信息化建设的基础支撑点之一，也是学校"数字化校园"建设的切入点。校园一卡通系统完成后，学校将会形成一个跨平台、跨数据库的可自我发展的数字化校园信息平台。

2. "通"什么

"校园一卡通"系统的目的是实现"一卡在手，走遍校园，一卡通用，一卡多用"。校园卡可以作为借书卡、上机卡、就餐卡、医疗收费卡、洗澡卡、购物卡、门禁卡、存车卡、乘车卡等。

3. 功能和用途

"校园一卡通"的功能和用途主要体现在校园消费、管理和金融应用（银行）两方面。

消费：可直接支付在校内的各种费用，如食堂就餐、商店购

物、班车乘坐、上机上网、医院诊疗、资料复印、文件传真、洗
衣、洗澡、理发、体育、礼堂等等；

管理：可用于身份识别、图书借阅、自行车存放、门禁出入、
考勤考绩、教学科研、学籍学分、医疗信息等管理工作。因此，校
园卡既可以作为现代化的电子支付工具，又可以作为校内个人身份
的证明。

金融应用（银行）：校园卡一期工程与银行连接，此项功能即
可实现。校园卡在设计上也可采用两张卡，一张银行卡，一张校园
卡，这两张卡在物理上分离，逻辑上一体。校园卡具有校内消费、
管理功能，银行卡具有金融应用功能。待一卡通系统与合作银行连
通后，由合作银行发行的银行卡可在国内该合作银行各营业网点、
柜台、ATM 机进行存/取款，也可在设有该合作银行 POS 的商业、
饮食、娱乐场所消费、购物。

4. 院校通是什么

"院校通"是一款院校综合管理系统，针对院校的数字化校园
而研发，使用的是现在主流的 PHP 语言 + Mysql 数据库，采用"先
进性、实用性、开放性、标准化、可靠性、稳定性、可扩展性、易
升级性、安全性、保密性、易维护性、可管理性"的设计原则。

八、校园数字化的基本作用

数字化校园系统是高校教学、科研与管理的公共平台，它既涉
及学校每一个教师、学生与管理人员，又涉及教学管理的每个环

节，其性能的好坏直接影响学校日常工作的开展。南博数字化校园系统设计初，充分考虑校园网性能、网络及系统维护人员业务水平、相关职能部门的管理水平、全体用户的计算机及网络操作能力等现实校园情况，根据多年对教育行业的积淀，形成了一套科学高效的实施协调方案。

（一）解决方案

随着信息化建设的不断深入和应用需求的不断提高，信息孤岛和应用孤岛的问题日显突出，南博数字化校园是以数字化信息和网络为基础，在计算机和网络技术上建立起来的对教学、科研、管理、技术服务、生活服务等校园信息的收集、处理、整合、存储、传输和应用，使数字资源得到充分优化利用的一种虚拟教育环境。通过实现从环境（包括设备，教室等）、资源（如图书、讲义、课件等）到应用（包括教、学、管理、服务、办公等）的全部数字化，在传统校园基础上构建一个数字空间，以拓展现实校园的时间和空间维度，提升传统校园的运行效率，扩展传统校园的业务功能，最终实现教育过程的全面信息化，从而达到提高管理水平和效率的目的，提高学校核心竞争力，以期达到从分散应用向集中应用转化，从固定服务向个性化服务转化，从部门级应用向校级应用转化，从信息管理向信息服务转化。

（二）　设计原则

1．建立统一的信息标准；

2．构建统一的信息门户；

3．构建统一的身份认证系统；

4．构建安全可靠的公共数据交换系统；

5．建设先进实用的应用支撑系统（包括办公自动化、教务管理、科技管理、学生综合管理、人力资源管理、资产设备管理、财务管理、图书管理、学报管理、体育运动管理、后勤服务管理、一卡通管理、网络教学平台、实践教学信息平台、教学评估管理、研究生管理、成教生管理与留学生管理等），实现高校各项管理工作的信息化。

（三）　数字化校园应用

学生在任何时间都可以通过网络学习；

老师可以在任何时间、任何地点接受培训；

学校管理者可以自动分配教学任务；

整个学校变成以学生为中心的学习环境。

在固定空间之内，是一个个的学习中心、交互中心、分组教室、安静的区域；突破空间界限，人们可以通过交互式或基于WEB 的交流平台，在任何时间、任何地点进入校园网，进行学习和交流，整个校园已经无线覆盖，课桌椅等设施可以灵活布置。

（四）转向以学生为中心的教学系统

由于融合网络，应用源源不断的完善，可以为每个学生开展个性化的教育，形成以学生为中心的教学系统。教室、宿舍、礼堂、图书馆都智能化、网络化了，学生和教职员工可以在生活、工作的任何地方获得教学资源。

（五）可视化、交互式教学

教师可以开展可视化教学，也可以通过交互、协作的资源引导学生互动式学习。学生能够以自己喜欢的方式学习，有丰富的课件，可以对信息进行搜和分析，学生很容易联系到老师甚至全球的专家。接受继续教育的学生，可以得到很好的在线职业培训。

（六）新型学习工具

通过多种新型的学习工具随时随地进行学习；通过网络远程学习；通过仿真、虚拟的学习环境，使学习者感同身受。

（七）创建没有围墙的校园

将是一个终身的、没有围墙的校园，学生不会因为"毕业"而离开"学校"。

　　学生和校友通过继续教育和成人教育课程与学校保持联系，随着他们职业生涯的发展不断获取知识和技能，实现终身技能训练。

　　学生和教职员工可以通过桌面电脑获得超级计算能力，开展协作的、跨学科研究。

第1章　数字化校园的总体设计

一、设计原则

数字化校园设计过程中，需要遵循几个基本原则，保证系统规划不但满足现阶段的需要也能长期支持未来的系统扩展。

（一）先进性

系统设计既要采用超前思维、先进技术和系统工程方法，又要注意项目的合理性，技术的可行性，方法的正确性。不但能反映当今的先进技术和理念，而且具有发展潜力，能保证未来若干年内占主导地位。先进性与成熟性并重，考虑到近年来的应用发展特点，把先进性放在重要位置。

（二）可靠性和安全性

数据和系统的可靠性和安全性对一个应用系统是至关重要的，

因此对于信息系统来说，要充分考虑到可能出现的问题，必须把这一原则作为极为重要因素考虑。数据交换、业务集成和信息展现所处理、传送和管理的信息，可能涉及到不同部门和系统的秘密或敏感信息，此类信息处理和传递的任何环节如果出现漏洞，其损失将是巨大的。因此，系统的安全性将是十分重要的原则。其次，数据交换、业务集成和信息展现承受着大批量的关键性数据的流转、交换和存储，系统的可靠性将是系统建设需要重点考虑的问题。

（三）开放性和互操作性

信息系统建设的根本目的在于信息交换，因此在系统建设中采用的各硬件产品和软件支撑平台必须符合开放性原则，符合当前国际标准或者事实上的国际标准、国家标准、学院标准。为适应学院应用系统不断拓展的需要，应用平台应是一个开放的且符合业界主流技术标准的系统平台，并使网络的硬件环境、通信环境、软件环境、操作平台之间的相互依赖小。

（四）系统的实用性

主要技术和产品必须具有成熟、稳定、实用的特点，实用性放在首位，既要便于用户使用，又要便于系统管理。

（五）可扩充性和升级能力

为适应应用不断拓展的需要，应用平台的软硬件环境必须有良好的可扩充性。

（六）可管理性和可维护性

整个应用平台是由多个部分组成的较为复杂的系统，为了便于系统的日常运行维护和管理，要求所选产品具有良好的可管理性和可维护性。另外可管理性和可维护性还包括对平台自身。

（七）建立基于标准的数据交互

由于学院信息种类比较多，涉及的数据和信息格式比较繁杂，如果没有一个良好的规范来约束，在内部系统之间进行信息交换的时候就会由于格式表述的不统一带来巨大的消耗。整合平台上定义的各种内部信息交换格式应该基于统一的标准，通过标准定义的接口对于未来业务发展具有重要意义。

现有各种业务系统内部维护着自身的信息格式，但在交换到平台上处理时，所有的信息先转成标准的信息逻辑结构，然后在平台上以这种通用的格式进行处理，处理完毕后再转换成相应的目标系统的格式，送入目标系统。当规划新业务系统时，按照标准定义信息交换格式，使未来的系统逐渐向标准化演变。

二、总体架构设计

学院总体架构的设计主要是要有利于学院现有系统的整合和以

后系统的扩展, 而学院信息系统的整合主要包括数据应用的集成、
业务流程的集成与重组、应用界面的集成。

对于学院来讲面向 SOA 架构的校园信息化主要提供 3 个方面的
整合能力, 即提供用户界面整合服务、应用流程整合服务、数据整
合服务, 用来解决学院信息系统之间松耦合的互连互通问题, 如下
图架构所示。

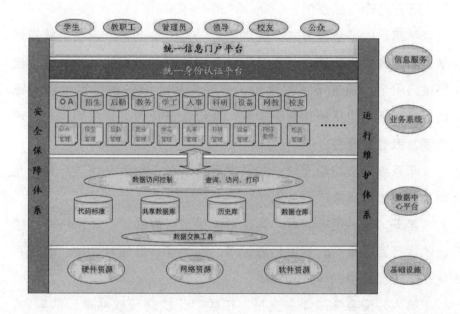

也可采用"顶层设计、分步实施"的建设模式, 该模式的特点
重点体现在:

第一, 站在学校整体的高度规划设计: 以教学和核心, 构建学
校整体运营的管理支撑平台, 满足学校整体需求, 服务人群覆盖包
括学校师生、业务职能部门与各级领导。

第二, 硬件与软件的最佳结合: 设计考虑基础设施与软件使用

的最佳结合点，如硬件基础设施、自助式服务终端、平板电脑、手机等，并充分考虑使用者习惯，使用户得到最大使用价值。

第三，按照业务域来进行功能边界的划分，按照流程管理的思想建设管理应用：基本建设思想是打破以往的部门边界，对以往的分段的业务流程进行重组，提高流程执行的效果和效率。从软件架构的角度来说，目标是建设面向学校的协同办公、校务管理、资源共享、数字化学习、校园文化建设、综合服务，实现校级的综合应用，而不是部门级别的。

第四，以平台化方式分层次建设：为了防止各个系统重复开发学校所需的基本功能，对于各个业务模块需要公用的基本功能，使用统一平台，保证不重复建设，并确保核心服务的稳定性和可靠性，这些平台包括协作通讯管理、身份认证管理、权限管理、报表管理、服务管理等。

新系统开发均基于统一的开发运行平台，与老系统进行集成也使用统一的信息集成平台。

第五，统一运行管理：为了系统稳定可靠的运行，系统基于统一的运行监控平台，提供日志记录、安全审计等运维功能，确保系统在运行过程中的审计和保障。

第六，配套保障体系支持：在数字化校园硬软件建设的同时，提供配套管理规范建设支持、培训、运维保障等建设内容，保障数字化校园稳固发展。

设计框架也可如下：

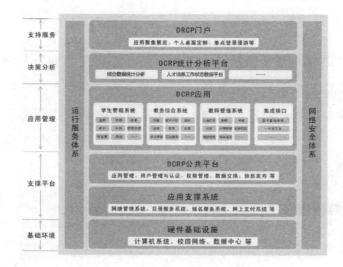

（一）数字化校园总体架构

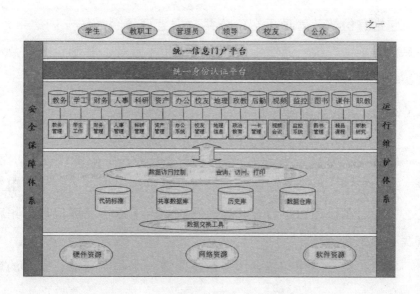

还可根据图表具体分类为：

1. 基础设施

IT 基础设施建设包括综合布线系统、综合管网弱电系统、园区骨干汇聚接入及无线网络系统、服务器主机、存储、安全系统等基础硬件设备，以及由操作系统、数据库管理系统、应用服务器、智慧教室、数字信息亭等构成的数字校园应用系统的数据汇聚、运行支撑环境。

2. 数据资源平台

数据资源平台能够将学校的外购数字资源、校本资源、电子图书资源等资源整合，为学校提供更多的基础资源服务。

3. 基础运行平台

包括身份认证管理平台、公共数据管理平台、统一通信平台、信息门户平台、统一通信平台、移动应用平台等。基础运行平台用来实现校内各种业务的集成化与数据资源共享。

4. 校务管理应用

综合校务管理包含综合应用与综合服务，主要围绕学校的教学、学生管理、办公及财务管理。建设基于统一平台的综合应用系统，并通过基础运行平台，和现有系统如一卡通等完成信息的集成和流程的整合。

同时，综合应用和综合服务系统需要一个稳定可靠、安全的运行平台来支撑，同时业务流程和管理的变革无处不在，需要有一个灵活、快速适应业务变化的开发平台来保证应用按需定制。系统开发运行平台包括报表工具、建模工具、工作流引擎等。

以教学为核心，围绕学生文化课基础教育、行为养成、技能培训等环节，构建学校的整体运营平台，提高业务效率。学校的综合高中、中高职、社会培训等不同培养方式，有不同的教学和管理模式，需要充分考虑。

（1）综合学生工作管理

学校德育教育管理事务涉及内容细碎，且由于管理的学生数量多，加上业务要求变化快，往往在管理上需要协调多个部门来完成一项事务。如学生行为规范管理、资助、宿舍等，针对学生的各项管理功能需要从学校整体角度来考虑。不能简单地以部门或者以解决某项事务的方式进行独立管理，否则一方面学校的建设系统无法得到应有的效果，另一方面容易造成重复建设，浪费学校资源。此外，需要借助现代化手段切实减轻班主任的负担，如可以通过平板电脑、信息屏直接查询班级检查成绩等。综合学生工作管理包含招生管理、新生报到管理、学生基本信息管理、学生资助管理、学生行为规范管理、班级综合素质管理、评奖评优管理、活动管理、学生组织管理、就业管理、离校管理等。

（2）综合教务管理

教学管理给学校教务部门、教学校系、教师、学生及相关职能部门提供统一的网上工作平台，涵盖教学管理各方面，为学生教学相关管理部门提供实时、方便的各项管理服务；通过基于网络的管理，促进教学管理部门工作效率和管理水平的提高，同时为学校领导及相关部门用户提供及时、科学的决策分析工具，提高学校教学与管理质量。主要覆盖课程管理、学籍管理、培养方案管理（包含课程教学与实践教学培养方案）、教学计划管理、排课管理、选课管理、考务管理、成绩管理、实践管理、评教管理、教材管理、职业技能管理等。

（3）综合师资管理

专注于师资队伍的建设，覆盖人才选、用、育、留的全过程，提供一体化的管理以及面向教师的一站式服务平台。主要覆盖人事信息管理、培训管理、考勤管理、职称管理、考核管理、教科研管理、师资信息上报等。提供一站式的个人信息中心，方便各类报表的填报和审核。

（4）协同办公管理

包括日常行政办公所需功能，包括公文管理、会议管理、事务协同办理、公共信息管理、个人办公管理等功能。

（5）综合财务管理

目前学校已有财务系统，需要对财务系统的数据做整合。将学生费用、教师工资等师生关注的数据显示到个人服务门户上。

（6）数字化学习

结合院校专业特点，为学校师生提供教学资源与数字化学习空间，学生可利用网络，进行教学资源学习和技能提升。打破真实环境的时间和空间限制，提高教学时效性。主要包括智能录播系统、教学资源库建设、网络学习平台、精品课程展示平台、仿真实训系统建设等。

（7）建设社会化培训与学习平台

建设社会化学习平台，更好地开展对校内师生、广大公众的培训工作。不断通过共享型教学资源库积累优势资源，同时结合网络学习、移动应用、社交网络等新技术搭建学习平台，促进兄弟院校的专业建设交流，还可对社会公众提供在线培训服务，创造泛在学习环境，使校本资源得以充分利用。

（8）一卡通建设

"一卡在手，走遍校园"，实现门禁、消费、身份验证等多种功能，并在校园一卡通平台基础上通过数字化校园与学校其他信息系统相衔接，使一卡通能够使学校管理、师生学习与生活更加便利。

（9）校领导工作平台

校领导工作平台即是利用数据抽取工具和数据挖掘工具等数据仓库技术手段，梳理校情数据、积累信息资源、规范信息管理、加强教学的质量监控，促进学校各部门协调运作，提高学校管理水平。

在各个业务系统运行一段时间后，可以建设综合分析系统，为校领导提供学校整体情况的综合查询与综合分析，为决策提供依据。

（10）综合服务

通过校园信息门户为师生、领导、合作企业、校友等服务对象提供一站式、个性化、全面的信息化综合服务。系统所有提供的功能和应用通过综合服务的形式对外发布，服务内容根据服务对象特点进行设计，在学校信息门户平台上进行展现。

为各种用户提供可控、主动式的交流方式，如校企之间、家校之间、师生之间等。

在访问方式上，逐步提供 PC、平板电脑、自助终端、手机、LED 显示屏等多种访问方式，满足不同场景的应用需要。

（11）学校门户网站

目前学校有非常多的展示信息需要对外发布、宣传和展示，迫切需要对现有学校门户网站进行升级。并且进行网站发布权限的设置和流程设置，信息审核完毕即能够进行发布。来访者可以快速、方便地通过门户网站获取统一的信息服务。同时，在内部管理上，实现统一管理、权限统一分配、信息统一导航、信息统一搜索的目的。

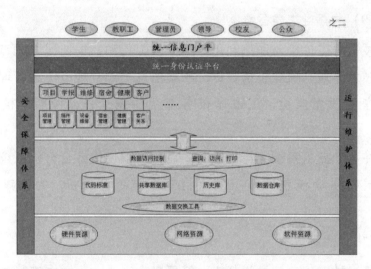

①数据集成服务

数据集成的目标是构建学院共享数据库，利用消息（MQ）和企业服务总线（ESB）等数据转换工具将分布在各个数据库（Oracle、SQLServer 等）的需要共享的数据按照一个统一的格式和规范进行集中和共享，这样可以使得学院各业务系统之间进行数据交换成为可能，同时可以基于院校共享数据库建立综合查询分析决策系统等。

②流程集成服务

通过流程管理器（BPM）对基于原有应用系统服务按照业务流程执行语言编排实现跨系统的业务整合。流程整合着眼于提高每个业务流程的效率和效能，利用流程整合，业务流程被推向解决方案的最前沿，通过采用成熟的技术可以成功地创建模型，自动化流程处理过程，监控和管理这些业务流程，从而满足业务变化的需求。它通过同时协同人工参与流程和自动化运行的流程来整合一个跨越院校内部同部门和不同系统之间的业务流。

③用户界面集成服务

通过建立一套统一的信息门户平台系统（Portal），实现原有应用系统的访问接入方式和新构建的业务流程交互界面的整合，整合校园各种内部应用系统，通过 WEB 方式发布信息，对分散在各地的用户进行安全管理及个性化服务。

（二）系统（SOA）架构的部署

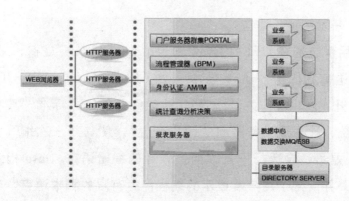

（三） SOA 架构解决方案的特点

1. 在相对较粗的力度上对应用服务或业务模块进行封装与重用。

2. 服务间保持松散耦合，基于开放的标准，服务的接口描述与具体实现细节无关。

3. 灵活的架构，通过通用的通讯协议进行通讯，提供交互性、位置透明化。

4. 通过消息（MQ）、企业服务总线（ESB）来实现数据的集成与交换，通过流程管理器（BPM）实现对业务系统提供的服务进行流程的编排，组装新的服务。

5. 通过 Portal 为所有用户的应用系统提供一个统一的入口，并提供个性化设置功能。

6. 统一的用户安全管理。

（四） 开发采用的技术路线

1. 开发工具、语言

应用系统是按 J2EE（Java 2 Enterprise Edition）规格，采用 Java 编程语言和服务器 Java 技术（如 EJBs、Servlet、JSP、JDBC 等 13 种）开发。Java 作为基于 Web 的软件业的公共标准，其独立于操作系统，独立于服务器的"跨平台性"，使其"一次编写，到处运行"，是最适合运行于互联网上软件的编辑语言。Java 相对于嵌入 HTML 并受限于用户端显示的编程能力有限的脚本语言，其完整的编程能力可开发具有强大"业务逻辑"的应用程序。

2. MVC 模型

应用系统软件即采用 EJB 这种真正允许使用基于组件的技术开发，EJB 技术简化了用 JAVA 语言编写的应用软件平台的开发、配

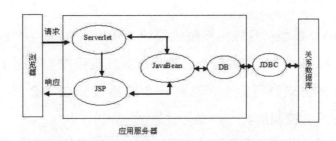

应用服务器

置和执行，提供了系统良好的可伸缩性，使系统轻易地组合与拆分其功能模块。核心功能由 EJB 执行的代理（Agent）负责信息交易和业务应用逻辑，并处理与诸如数据库、电子邮件服务器等或特定的应用算法库的连接。当代理负责用户活动与数据存储同步时，代理高速缓存可再使用的结果以迅速相同的请求。

J2EE 平台采用一个多层次分布式的应用模式。这意味着应用逻辑根据功能被划分成组件，组成 J2EE 应用的不同应用组件安装在不同的服务器上，这种划分是根据应用组件属于多层次 J2EE 环境中的哪一个层次来决定的。如下图所示，J2EE 应用可以由 3 或 4 个层次组成，J2EE 多层次应用一般被认为是 3 层应用，因为它们是被分布在 3 个不同的地点：客户端机器、J2EE 服务器和数据库或后端的传统系统服务器。3 层架构应用是对标准的客户端/服务器应用架构的一种扩展，即在客户端应用和后台存储之间增加一个多线程应用服务器。

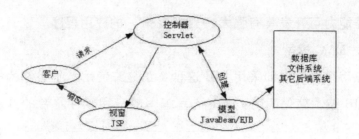

用 MVC 模型引导应用系统的设计，MVC（Model – View – Controller），即把一个应用的输入、输出、处理流程按照 Model、View、Controller 的方式进行分离，这样一个应用被分成 3 个层——模型层、视图层、控制层。

模型（Model）：就是业务流程/状态的处理以及业务规则的制定，即是 MVC 的主要核心。

视图（View）：代表用户交互界面，也就是 Web 的 HTML 界面。

控制（Controller）：可以理解为从用户接收请求，将模型与视图匹配在一起，共同完成用户的请求。

（1）从上面的概念来看，数据中心控制台可以切成 3 部分。

模型（M）：包含数据库链接、生成数据集、数据库更新操作。

视图（V）：包含获取模型的数据集，将数据集内填充到各种显示界面内。

控制（C）：包含数据库更新的数据校验，将更新完毕后的结果转交给视图进行呈现。

（2）三部分已经出来，下面是更进一步的细化。

模型（M）

数据链接：数据链接参数、链接失败处理。

数据操作：生成固定格式的数据集、运行单行 SQL、解析固定格式的数据集更新数据库。

文件操作：将文件内部格式封成数据集，并附带读取写入文件操作。

视图（V）

数据显示：根据要求授权给控制器［C］向模型［M］请求数据集，然后根据数据集显示出界面。

操作结果显示：根据控制返回的数据资料决定显示的提示资料。

控制（C）

数据/文件操作：接收操作资料，校验数据是否符合条件，引用模型的生成数据集类生成指定数据集，然后交给相应的模型操作方法操作，并获取操作结果以预定好的格式转交给视图处理。

三、基于 SOA 架构的数据集成（交换）的实现

这里数据集成（交换）的实现仅讲基于 SOA 架构的实现原理。

（一）ESB 的工作原理

数据的集成主要依赖于 SOA 的支柱技术企业服务总线 ESB、MQ 来实现。

ESB 主要完成以下 5 件事：

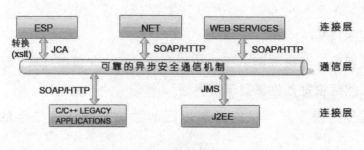

ESB基本结构

（1）服务之间的消息路由。

（2）请求者和服务之间的传输协议转换。

（3）请求者和服务之间的消息格式（XML）转换。

（4）处理各种来自不同业务的事件。

（5）保证服务质量（安全、可靠和交互处理）。

（二）消息 MQ

消息 MQ 是基于企业服务总线 ESB 之上进行数据的交换，包括同步/异步传输，消息 MQ 的使用使得独立的分布式应用程序或应用程序组件可以通过消息进行交互。这些组件无论是在同一主机、同一网络上运行，还是通过 Internet 松散地连接在一起，均可使用消息传送来传递数据以协调各自的功能，消息中间件进行消息传输时，发送消息的系统只需在发送消息时指定消息的目的队列，然后消息中间件就会将消息可靠、安全的传输到目的队列中，并且在接收消息的应用准备就绪时才将消息传递给接收应用。发送消息的应用不需要关心网络的不稳定、消息遭到窃听、或者接收消息的应用不可用等因素。

消息 MQ 的体系结构：

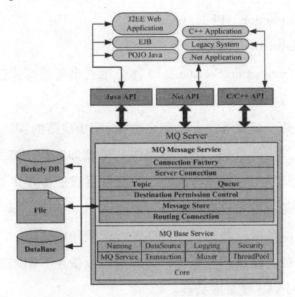

上图是消息 MQ 的基本体系结构。它包括消息发送者和消息接收者，它们通过公共的消息服务来交换消息。同一消息传送组件（或应用程序）中可以保存任意数量的消息发送者和消息接收者。

消息发送者使用消息 MQ 的客户端 API 将消息发送至消息 MQ 服务器。MQ 服务器进行消息路由并将消息传送至一个或多个已注册申请此消息的消息接收者。接收者使用消息的客户端 API 来接收消息。消息 MQ 服务器负责保证将消息传送至所有相应的接收者。就像日常生活中的邮局一样，尽管一封邮件上标注的是其最终收件人的地址，实际上却要通过邮局进行路由，并经由多个中转站后，才会到达收件人的邮箱。

消息 MQ 支持的规范：

Java Message Service 1．1

Java Management Extentions 1．2

Java Transaction API 1．0

Java Transaction Service

Object Transaction Service 1．1（分布式事务管理规范）

基础服务：

命名服务，该服务是一个完全遵循 JNDI 规范的实现。

数据库连接池服务，消息应用中如果牵涉到数据库的应用，例如消息的存储采用数据库方式时，需要使用该服务提供支持。

日志服务，通过日志服务，可以对消息 MQ 服务器中的出现的问题，失效以及服务器的执行效率进行记录和跟踪。

安全服务，通过安全服务，客户端可以使用 SSL 与服务器进行通讯、使用 JAAS 登录服务器。

MQ 管理服务，该服务管理项提供了对 MQ 服务器核心参数进行配置的管理功能。

事务服务，MQ 支持本地事务和分布式事务。

多路复用服务，通过使用多路复用端口服务，客户应用只需向多路复用端口发出请求，服务器通过分析客户请求，将其转发给其他相关的服务或是拒绝此请求。

线程池服务，通过 MQ 提供的线程池服务可以在服务上大量复用线程，极大限度提高服务器并发效率。

JAAS（Java Authentication and Authorization Service）在原来 Java 安全框架的基础上增加了基于用户的访问控制能力，即根据谁在运行代码来进行授权。在 MQ 的客户端程序中能够使用 JAAS 登录服务器，并且在 JAAS 的上下文中获得或者创建与 MQ 服务器进行交互的资源，这些资源也因此获得了登录用户的身份，在与 MQ 服务器交互的过程中，服务器将根据资源的用户身份决定资源是否能够执行某项操作。

消息 MQ 的实现原理图：

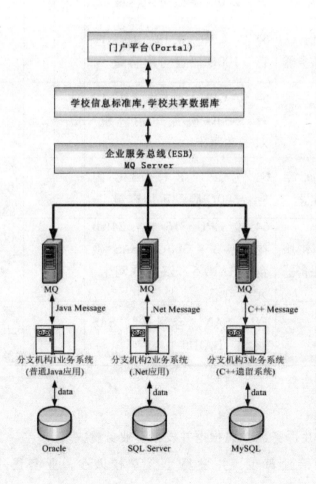

四、服务器配置建议

序号	功能说明	基本配置要求	最低数量	推荐数量	备注
1.	WEB 服务器	64 位 CPU；4 核；8G 内存；200G 硬盘可用容量	1	1	
2.	身份认证服务器	64 位 CPU；8 核；16G 内存；100G 硬盘可用容量	1	2	
3.	应用服务器	64 位 CPU；8 核；32G 内存；300G 硬盘可用容量；双千兆网卡	2	2	
4.	数据库服务器	64 位 CPU；8 核；32G 内存；500G 硬盘可用容量	1	2	推荐用双机 + 存储的架构
5.	媒体服务服务器	64 位 CPU；16 核；24GB 内存；3 * 300GB SAS 硬盘；RAID 5；双千兆网卡；冗余电源	1	1	仅用于数字化学习平台 LMS
6.	存储	FC－SAN、容量 4T、SAS 硬盘、RAID5	1	2	第 2 台用于容灾备份

注：

*应用服务器数量根据并发量、业务量决定。

*如果预算少、并发量小（学校人少，业务量小），IDS/

WEB/APP 可以合起来用 2 台。

　　＊内存容量建议按每核 4G 配置。

　　＊硬盘可用存储容量越大越好，建议 RAID1 或 RAID5。

五、校园数据中心建设规划

（一）数字信息亭

数字信息亭是集验证身份、自助查询、自助事务办理、自助打印、智能管理等功能为一体的智能设备。以学生自助式服务为目标，以学校数字化校园系统为支撑，以校园卡、银行卡等为支付手段，以功能完整性与灵活性为策略，以系统可靠性与稳定性为宗旨，具有学生自助操作、7×24 小时提供服务、方便、快捷、安全、稳定等特点。

自助终端一体机

　　采用液晶屏显示、触摸屏输入、多媒体操作界面，学生可通过自助操作完成一系列数字化校园相关业务办理。此外，管理人员可通过智能管理进行自助终端远程管理监控、系统参数设置、通知公告发布、打印纸张管理、交易数据管理等操作。

由自助服务系统和自助打印终端两部分组成。

(二) 自助服务系统

1. **自助查询**：学生可自助查阅通知公告、课程信息、德育评价、成绩单、选课情况、考试安排、素质拓展活动等数字化校园相关信息。

2. **自助打印**：学生可自助打印成绩单、技能卡片、在校证明等文件。

3. **智能管理**：系统管理人员可通过网络进行自助终端远程监控管理、系统参数设置、通知公告发布、交易数据管理等操作。

六、数字化校园应用功能规划

(一) 公共数据平台

公共数据平台的建设目标是在数字校园标准的基础上，建立安全高效、充分共享的数据中心；规范信息从采集、处理、交换到综合利用的全过程，逐渐形成有效的信息化管理的运行机制，为学校领导和有关部门信息利用、分析决策提供支持，为学校的教学管理和人才培养提供高效的信息服务。

本次规划的公共数据平台、各应用子系统以及各类全局应用系统将共同构成学校完整数字校园系统的数据资源。公共数据平台包括数据集成平台和全局数据库，其中，数据集成平台实现数据在各应用系统间的共享，并基于全局数据库构建面向最终用户的查询和统计。

（二）身份管理平台

身份管理平台建设的目的是让用户只要一套用户名和口令就可以使用校园网络上他有权使用的所有应用系统。解决不同的网络应用系统用户名和口令不统一的问题。身份管理平台提供统一的授权机制及一套方便、安全的口令认证方法。

包含以下内容：

1. 用户身份数据统一管理

实现统一身份认证平台与共享数据库中学生、教职工等对象的用户身份数据同步，并实现平台中的身份变更与入校、学生学籍异动、离校、教师校内调动、晋升等业务处理过程保持同步。

2. 统一认证、单点登录

接入平台的应用系统可以依赖平台实现统一身份认证；

用户可以通过一次登录，漫游访问所有接入平台的受控资源和服务。

3. 安全审计

对用户的登录、资源访问、服务调用、变更等行为进行规则校验和统一审计，记录完备的日志，实现安全监控与行为回溯。

第 2 章 统一信息门户平台

统一信息门户是数字化校园信息系统各应用系统中各种应用构件整合和部署的平台，它把分立各个业务系统的不同功能有效地组织起来，为各类用户提供一个统一的信息服务入口。数字化校园信息系统门户提供学院门户布局定义、内容定义、二级门户网站模板自定义；师生个性化 WEB 桌面页面风格、布局、内容自定义；师生在各业务系统集成后的功能等方面的定制工具，快速完成后台应用构件基于规划的展现，同时为个性化服务打下了基础。

信息门户平台建设的目标是将校内分散、异构的应用系统和信息资源进行聚合，通过统一的访问入口，实现各种应用系统的无缝接入，提供一个信息统一展现的窗口。并根据每个用户的特点、喜好和角色的不同，为特定用户量身定做关键业务访问通道和个性化应用界面，使师生员工可以浏览到相互关联的数据，快速进行事务处理。校园信息门户建设的内容主要在几方面的问题：

一是标准门户服务器。提供信息门户平台的基础运行支撑，遵循国际标准和主流开发技术，包括 JSR－168、Spring Application Framework、Spring MVC Portlet Framework。

二是内容集成工具。可以通过页面抓取、IFRAME、URL 集成、RSS 集成等方式实现应用的集成，并提供统一的权限管理和 API

支撑。

三是运行管理工具。可以监控平台的访问、运行状况、系统告警等事务，并实现异常自动处理和自动通知，可以查看在线用户，可以按照用户类型、校区、年级跟踪分析用户访问的内容和行为。

四是接口扩展。提供与校内搜索引擎、互联网搜索引擎、消息推送服务、群组服务、统一资源存取、访问接口的集成，为门户应用提供对数字资源的存储和应用的方法。

五是用户自定义工具。平台提供多套用户界面模板，用户可以进行门户界面的个性化模块的定制，porlet 可以实现自由拖拽。

一、门户平台逻辑结构

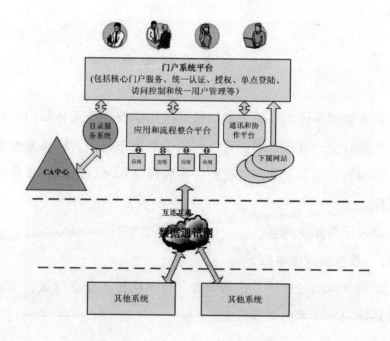

二、建设内容

门户支撑框架：提供标准的运行和开发框架；

应用集成插件：用于满足对校内和校外各类 WEB 应用的界面集成需求；

内容管理模块：提供统一的内容采编、审核和发布管理；

个人服务模块：用于满足师生用户个人资料管理的服务需求；

公共服务模块：用于满足面向公众的信息互动和共享需求；

协作服务模块：用于满足人员之间、业务之间基于网络实现协同工作的需求。

三、内容管理平台

内容管理平台能够将为学校快速搭建学校主页及各部门院系网站，并能够统一进行管理。可以解决信息发布权限、信息汇聚等问题。可以利用图片、文字、视频等多种媒体和展现形式，多角度进行宣传。

可以涵盖如下内容：

1. 教学组织体系展示

展现学校的分校区、机构设置，分支机构的专业设置，描述学校发展状况、学术方向等信息。

2．专业体系展示

展示专业的介绍，培养计划、培养计划说明、计划课程，校外用户可以了解学校学生的培养情况。

3．重点专业展示

各专业可以建设专业子网站，展示专业特色、师资配置、实训设备和教学内容，并且提供专业资源访问入口。

4．课程体系展示

通过分层结构和检索方式，向用户展现专业课程体系以及全校完整的课程体系。

5．教学成果展示

可以显示学校的教学成果，如教学研究、教材建设、课程建设成果，获奖情况展示等。

6．精品课程展示

集中分类显示省部级、市级、校级精品课程、网络课程，校外用户可以通过观看精品课程，详细的了解课程的建设状况和课程资料内容。

7．优秀课程展示

每一门课程都可以向外界展示部分或全部的建设状况、课程内容，展示教学成果，促进同行交流。

8．教学名师展示

可以显示学校优秀教师资源，介绍教师的任职情况，名师可以公开课程供公众了解。

9．新闻、公告、信息、搜索

能够进行学校各类新闻公告的发布，方便学生、家长及社会公众了解学校教学情况和招生就业情况。

四、移动应用平台

移动基础平台是实现数字校园基础平台与业务数据在手机上访问的支撑。根据学校应用系统功能的特点，结合移动终端的特性，将程序移植到移动终端（如智能手机、上网本、个人数字终端等）上进行实现，达到实时互动，完成大部分必须通过有线网络完成的相关事务，如教师可以进行班级综合素质评分、学生日常行为规范查询。

为学生提供教学信息服务为基础（如课表查询、行为规范评分查询、资格考试报名等），逐步延伸到提供校园生活服务（包括：生活、校际交友、娱乐、就业兼职等）。是实现校园信息服务无线和有线的无缝结合。

第3章 统一身份认证

一、统一身份认证的建设内容

（一）目前现状

1. 各个系统中的用户独立存在，难以实现用户账号的整合，达到统一管理。

2. 用户进不同的系统需要记住不同的密码，管理存储多套应用密码有很大的困难，增加、删除一个用户、或改变密码，管理员必须修改每个应用系统。

3. 没有统一的应用访问入口，需要记住大量的 URL。

4. 系统应用的安全性需要提高。

5. 在解决现有的问题的同时，统一身份认证和单点登录解决方案能与现有应用实现无缝的结合，而不需要对现有的应用做过多的修改。

（二）统一身份认证建设内容

通过统一身份认证系统的建设，针对数字化校园信息系统的用户身份进行身份（管理人员、教师、学生等）整合，希望实现以下目标：建立统一的集中身份库——统一身份数据中心，对数字化校园信息系统所有用户提供集中和统一管理，同时根据各个业务应用系统的认证方式的不同提供各种灵活的认证机制。

在数字化校园信息系统集中身份库的基础上，通过身份管理技术实现身份库与各个现有业务应用系统（门户、教学、教务等系统）用户身份信息在满足数字化校园信息系统内部业务流程的规则前提下，实现用户信息的自动同步处理等功能。

根据数字化校园信息系统的规划，将在数字化校园信息系统集中身份库基础上，提供基于单点登录的解决方案，使得用户只需要通过一次身份认证过程就可以访问具有相应权限的校园信息系统资源。

通过该技术方案的实施，将为数字化校园信息系统的建设，特别是数字化校园信息系统安全控制与管理打下良好的基础，利用管理信息系统集中身份库与门户系统的统一，从而为整个网络平台提供集中的管理、安全认证机制，从而保证各个平台的统一。

二、统一身份认证系统的设计原则

1. 安全性

在统一身份认证系统中，目录服务和认证系统是管理信息系统所有业务应用系统的基础，安全性是一个非常重要的一个考虑，在整个基于管理信息系统集中身份库的基础上，可以充分利用操作系统 Unix/Linux 等的认证系统和 Directory Server 目录服务器所提供的 PKI 技术、CA 认证技术、PIN + 智能卡等技术来实现整个系统平台的安全性，同时各种认证技术可以灵活选择。此外，Directory Server 目录服务器还拥有完善的 ACL 体系，能够充分保障数据的访问安全。

2. 高可用性

在统一身份认证方案中，将建立全院信息系统统一的集中身份库，该身份库将包含管理信息系统所有用户资料信息，人员信息的日常更新、人员的登录认证等活动将全部基于该身份库的基础之上进行操作，它的可用性将直接影响到所有人员的工作效率，因此必须保障整个身份库平台的高可用性。

3. 可靠性

在统一身份认证系统中，保障系统具有良好的伸缩性，利用 Directory Server 目录服务器系统提供的集群、复制、分区特性可充分保障系统具有非常好的伸缩性。采用集群方式提高可靠性，使用多台服务器提供同一棵目录树的服务，这些服务器共同分担对此目录树所进行的数据发布、修改以及删除操作，这些服务器互相之间是等价的，在任何一台服务器上的修改操作将同步到集群中的其他服务器上，实现这种集群的目录服务器功能又称作多主复制。

4. 可扩展性

用户对基于目录服务的系统的需求也可能根据时间、地点、网络速度等进一步提出各种需求，利用 Directory Server 目录服务的集群、复制、分区以及支持 WAN 等技术可以充分保障整个平台的可扩展性。

统一身份认证平台必须充分保障整个平台的跨平台、高扩展的网络服务，并与操作系统的无关性，如下图所示：

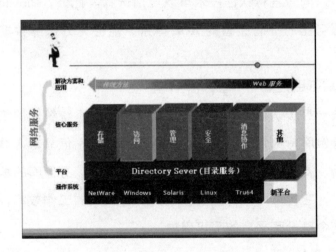

第4章　数据中心

一、数据中心架构核心作用

依据相关的国家标准和教育部的《CELTS-34 高等学院信息管理标准》，结合各院校的特点和信息化现状，形成符合学院的信息化规范标准，并按规范标准的实施和维护。

实现学院已有系统、后上系统的数据集成与共享；实现全校数据的权威查询打印，统计分析，提供决策。

由于所有应用系统是异构不同种数据库，要实现全校数据共享就必须进行各业务系统数据库到数据中心数据库数据的整合，现有业务系统数据库只能在保留原有个业务系统的数据库，在数据中心数据库添加新的数据结构，然后通过专用的数据交换工具来保持数据中心数据库与各业务系统数据库之间数据的同步。

设计如下的数据中心平台架构，其功能模块及数据流程的关系图如下所示：

数据中心架构包含如下功能模块：

支撑平台（硬件设备、系统软件、网络基础）

系统管理工具

共享数据库（公共字典、共享数据、数据仓库）

数据服务

全局信息服务（查询、统计、分析、打印）

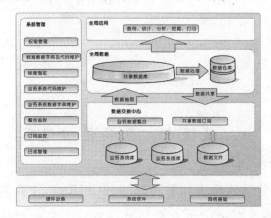

（一）功能模块

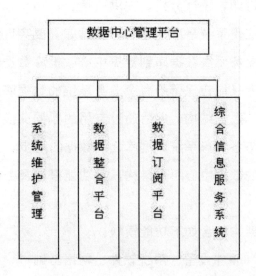

（二） 数据整合

数据整合是数据中心根据数据共享需要从各业务系统抽取数据，功能分为数据整合设置、手动数据整合、自动数据整合。

1. 数据整合设置

数据整合设置主要是对数据整合时的数据库同构/异构设置、业务系统选择设置、业务系统表选择和数据项选择设置、数据范围设置。

2. 手动数据整合

根据数据整合设置并选择要整合的内容进行数据整合。

3. 自动数据整合

选择需数据整合的内容并设定整合起始时间、时间间隔，系统会自动进行数据整合。

二、数据交换实现原理

（一） 共享视图与远程数据交换

学院数据的交换存在两种情况，一是业务系统的的数据库与数据中心的数据库在同一数据库服务器上，则在数据中心就不需要建立数据存储实例，通过共享视图来实现，考虑检索速度，可以采用物化视图来实现；二是业务系统数据库与数据中心是在独立的服务器上，则需要进行数据交换。

（二）　交换方式

数据交换的方式可以通过数据库级的交换，则需要通过DBLink 来实现数据库之间的连接；若通过消息 MQ 来实现，通过ESB、MQ 等来实现消息格式的转换和协议转换来实现数据交换。

（三）　同构与异构数据库

在学院数据的交换中存在数据库的同构与异构问题，若是通过数据库级的交换则存在异构与同构的转换，如 Oracle 透明网关；若是通过消息 MQ 来实现数据交换则通过 ESB、MQ 的 XML 格式转换来实现数据交换。

（四）　捕捉数据的变化

对于捕捉业务系统数据的变化主要采用出发器（TRIGGER）来实现。

（五）　中间库

对于业务系统发生变化的数据而且是共享，可以先放到中间库而不是直接进行数据交换，这样有利于数据的清洗。

（六）数据交换

通过出发器捕捉到数据变化，可以启动消息机制，通过消息 MQ 和企业服务总线 ESB 来实现数据交换。

第5章 数据存储解决方案

对于校园网来说，网络运行最为宝贵的是数据。存储是网络的核心，数据是网络的灵魂。所有过程的数据交割均由其网络中心的核心系统所提供，任何人为的错误，硬盘的损毁、电脑病毒、自然灾难等等造成的数据丢失，都将会造成不可估量的损失。

系统数据丢失不仅会导致系统文件、应用系统数据的丢失，使工作紊乱，严重的会使业务瘫痪，带来的灾难性后果将不堪设想。因此，如何有效的保护现有数据，使得业务稳定运行则显得尤为重要。当人为因素（如：误操作）、硬件故障及其他不可预见因素造成数据丢失、系统瘫痪时；或者是不可抗力的灾难（如火灾、水灾）发生时，如何保证及时有效的恢复系统和数据，使业务得以正常运转，将损失减小到最低，则是用户最为关心的问题。

那么要解决上述问题最为根本的办法就是数据的集中管理和数据备份。数据集中管理是通过双机热备份系统，将所有应用系统的数据直接从数据中心存储设备读取和存储，并由专业人员进行管理，极大地保护了数据的安全性和保密性，同时，减少了各应用系统的工作量和简化了工作流程，最大限度地保护了现有设备。

经过对网络中心系统软、硬件环境的了解和分析，结合现有资源并充分考虑系统将来的升级，现设计了一整套完备、智能化、易管理的数据备份方案，简洁、可靠的灾难恢复机制，为学院未来发展提供了有力保障。

一、方案概述

本方案针对将来的应用系统、文档数据存储体系进行了一套完整的规划和设计。整个方案主要以安全性、高性能、高扩展性 3 方面为基础，并依据此原则分析的。学院目前的应用系统包括业务数据流程和组织管理，设计技术方案，指导方案实施和后继支持。方案旨在建立起一套科学高效的数据存储、应用和管理系统，提高运营效率，确保服务质量。

二、需求分析

（一）重要数据存在的隐患

1. 数据丢失的原因

自然灾害：地震、火灾、雷电、洪水、台风；

犯罪：盗窃、故意破坏、病毒；

软硬件故障：如硬盘划伤；

人为因素：误操作、误删除。

2. 硬件故障、软件错误

人的误操作是数据丢失的最主要原因。50% 以上的数据丢失是由于硬件故障或软件错误造成的，30% 以上的数据丢失是由人的错误操作造成的，病毒和自然灾害造成的数据丢失不到 15%。

（二）需求归纳

建立多机高可用系统，在某主机或应用故障的情况下，高可用手段应能迅速向另一主机切换，以保证系统 24 小时不间断运转。

在线数据存入高性能的磁盘阵列。

存储设备应具有良好的可扩充性，以解决数据量的激增带来的棘手问题。

系统结构应具有良好的可扩充性能，以便于系统升级时可做到原有投资保护。

存储管理系统具有可扩充的体系结构，支持分级存储管理。

三、方案设计原则

在系统设计中要注意系统设计的前瞻性：充分考虑未来 3 年的业务发展的需要；注意系统设计的先进性：在经费和技术许可的范围内，引进、吸收和应用先进技术。

（一） 开放性原则

系统采用的各种硬件设备和软件系统均遵循国际标准或工业标准及国际流行标准，符合开放性设计原则，使其具备优良的可扩展性、可升级性和灵活性。

（二） 安全性原则

数据备份系统构成应用系统的保障子系统。数据备份系统的最终目的是确保应用系统的安全运行和故障恢复机制，系统设计的首要目标是建立这一系统安全体系。

（三） 稳定性原则

在采用国际先进的存储技术的同时，着重考虑了系统的稳定性和可行性，使系统的运营风险降低到最小。这样，系统能够充分享受先进的存储技术带来的巨大收益。

（四） 系统设计的完整性

本系统的各项设计应从整体考虑，各子系统应构成完整的数据系统。

（五）系统设计的经济性

在满足所有需求的前提下，选择合适的数据管理软件，存储网络设备和相关存储设备，使系统具有较好的性能价格比。

（六）可管理性与数据系统高效率原则

一些应用系统要求数据系统具有高速的访问能力和可持续访问的能力，因此数据系统的设计首先要建立一套高效的存储系统机制，包括采用先进的存储技术，采用先进的存储系统软件，同时要提供强有力的数据系统管理能力。

四、可扩展性原则

硬件的选择上，选用稳定性高、易扩充的服务器。

在存储软件的选择上，可扩展性原则也至关重要。实际上只有系统软硬件均符合技术发展潮流，采用相关的先进技术，在功能上相辅相成，整个系统的平滑升级才能成为可能。

五、系统总体设计结构图

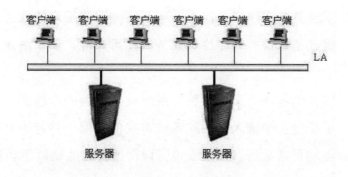

六、系统的总体结构说明

两台服务器上均配置双机热备份软件，一旦任何系统应用出现故障，该应用系统会迅速切换到其他服务器上运行。

两台服务器上均配置为 Windows Server。作为高性能系统的基本工具，是任何一个高性能系统必不可少的系统技术特点。

1. 100% 数据高可用保证

该方案采用的双机热备容错技术，提供 100% 数据可用性保证的存储系统。如果在使用中，任一路径出现故障，仍有连路保持可用，不会造成服务中断，因为在路径故障发生的过程中不会出现瓶颈。

2. 采用双机热备份技术消除故障

主机故障切换允许一台备用主机在生产主机出现故障时，接管其上的存储和网络控制权，并重新启动运行在上面的应用服务。

双机热备是为了消除网络中因服务器失败产生单点故障而设计的，双机热备可以实现运行时的相互监控，在系统发生故障时自动切换，使系统具有在线恢复能力，从而使得网络用户的业务交易正常运行，保证了数据的完整性及业务的高可靠性，使系统永不停机成为现实。

通过这样的解决方案，使整个系统具备完善的自检测功能，能够快速、平稳地自动或人工切除系统本身的故障，并且不会影响系统其他节点的正常运行。具体来说可以帮助网络实现以下功能：

（1）服务器停电时，能实现自动切换。

（2）服务器的硬盘、CPU、RAM 发生故障时，实现自动切换。

（3）网络连接发生故障时（如网卡、网线故障），实现自动切换。

（4）操作系统、数据库或应用程序发生故障时，能实现自动切换。

（5）安全完成切换多次。

（6）互相检测机器的工作状态，保证双机的可靠性。

（7）保留完整的系统日志。

第6章　网络教学平台设计（上）

随着计算机技术的飞速发展，信息网络已成为社会发展的重要保证。如何以网络为纽带快速、高效、方便地实现知识传递，以现代化手段促进教学改革，将传统的课堂教学转变为课堂＋电脑＋网络课堂＋Internet 等多种学习方式，是教育工作者应当为之努力的方向。基于 JSP 技术的网络教学平台是依托校园网的优势设计和开发的，通过此平台，学生可以不受时间、空间、地域的限制，实现网上浏览教学内容、完成作业，参加测试等功能，教师也可借助此平台，发布公告信息，发布试题，实现课件上传下载，组织讨论答疑等功能。

一、系统体系结构

网络教学平台按照 B/S 模式，将传统的浏览器＋WEB 服务器的两层体系结构扩展成浏览器—WEB 服务器＋应用服务器—数据库服务器三层体系结构，这种模式采用多种标准的协议和技术，适合于任何硬件平台和软件环境。

系统采用 JSP 与 SQL Server 2000 数据库相结合，其实现的基本原理是利用 SQL Server 2000 作为数据仓库，用 Servlet 等高性能服务器端程序作为后台总控程序，JSP 程序在前台运行，Servelet 接受用户的输入，分别调用不同的 JSP 程序向客户端反馈信息，JSP/Servlet 通过 HTTP 连接在服务器端和客户端传递数据，其体系结构如图 6 - 1 所示。

图 6 - 1　系统体系结构

二、系统功能分析

网络教学平台由教师教学系统、学生学习系统和教学管理系统三大模块组成，这些模块之间相互联系，相互配合，构成一个完整的网络教学系统。系统功能框图如图 6 - 2 所示。

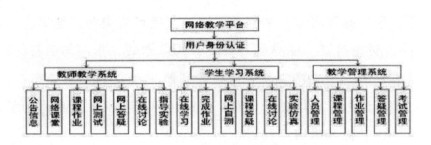

图 6-2　系统功能框图

（一）教师教学系统与学生学习系统

教师教学系统与学生学习系统的功能相对应，主要包含以下几个模块：

1. 网络课堂：网络课堂是实施网络教学的主要场所，教师和学生可以通过此模块实现实时和非实时的网上交流。教师可以实现课程添加、修改，将课件上传等功能，而学生可以浏览教学大纲，教学计划，教学参考资料，教学课件等内容，也可以下载这些资料，观看优秀教师教学录像，通过此平台学生可以自主预复习，把传统的学习过程变得更加方便灵活。

2. 网上作业：作业环节是对所学知识理解和巩固的过程。教师可以在网上发布、批改、删除作业，学生可以在线或下载完成作业，完成后可以将作业上传，还可以通过此环节查看自己完成作业的情况，查看教师评语等内容。

3．网上测试：教师可以完成试题添加，试题管理，可以调用网络试题库按章、节或综合应用自动、手动组卷，进行成绩分析；学生除了可以参加网上测试外，还可查询测试结果。

4．讨论答疑：在界面上采用了 BBS 形式，提问与回答的过程是异步的，学生将学习中遇到的问题用留言的形式公布在网上，教师通过此模块进行答疑。教师也可以在网上发布讨论题，引导学生进行学术研究和讨论。

5．网上交流：本模块类似于网络聊天室，教师与学生、学生与学生之间可进行实时的网上交流，网上讨论，通过此模块可以解决个别学生的概念模糊，解题思路混乱等问题。

6．实验指导：教师把学生在实验中遇到的问题和易犯的错误以回答问题的形式表现出来，以交互的形式辅导学生顺利完成实验；学生可以在计算机上撰写、提交实验报告，教师可以浏览、批阅。

（二）教学管理系统

系统分为人员管理、课程管理、作业管理、考试管理和讨论交流管理。

1．人员管理：包括系统管理员、教师和学生管理。其中管理员可以对所有人员进行添加、修改、删除和查询，同时还可以对教师的所有权限进行分配。

2．课程管理：包括课程添加、课程查询和课件管理。

3．作业管理：可以查看、修改和删除作业。

4．考试管理：试题添加、修改、审核和删除。

5．讨论交流管理：包括 BBS 版主管理、帖子管理。

（三）校务管理应用系统

1．基础信息资源管理

师生基本信息、组织结构信息、专业、班级等基础数据在校园的日常校务中不仅牵涉到校内的多部门协调和沟通，甚至要不断地和校外的各机构进行数据层面的流转与协作，这样就使得大量的基础数据面临多个数据源头、多套数据标准、数据不一致和冗余等情况在数字化校园的建设中层出不穷。所以优质规范可靠的数据标准和基础数据的构建和维护体系，将为数字化校园的推进和建设提供稳定丰富的数据基础。

基础信息中心立足于此来构建统一的信息管理平台；包括学生信息管理管理、教职工信息、班主任信息、学部主任信息和数据代码标准管理。

2．综合教务管理

教学是学校运行和管理的核心，学校教学管理工作纷繁复杂，涉及到不同学生类别、不同培养方式，建设教务管理系统需要从学校整体工作进行考虑，并且考虑数据的及时性、准确性，实现数据高度共享，为教学管理提供统计数据支撑。学校的教学改革也在不断地进行创新与探索，院校要建设符合现在、未来业务发展趋势的综合教学管理，助力学校教学工作的顺利开展与推进。

3. 学籍管理

学生学籍信息与选课、成绩、评教、考试等教学活动紧密相关，可以说，学籍管理是整个教学管理的中心枢纽，学籍信息的实时准确性是学校有序管理学生学习生活的重要保证。学籍管理包含：学生身份管理，学籍异动类别维护、学籍异动原因维护、学籍异动管理、专业方向分流、学生学籍预警、毕业审核等功能。

4. 教学资源管理

教学资源管理主要实现对教学楼、教室和任课教师等相关资源的管理。同时提供教室借用等教学资源日常管理功能，方便师生对全校教学资源使用状况进行实时的了解。

5. 课程库管理

课程是教学的核心数据，教学中的相关活动都是围绕课程展开的。课程库管理包含对学校教学课程资源库基础信息维护、课程归类维护、课程基础信息维护以及课程对应先修课程信息维护。

6. 培养方案管理

针对当前学校培养方案管理的现状，设计出一套合理的培养方案制订管理流程。由教务处统一控制培养方案制订过程，开放给专业培养方案制订人网上制订各年级专业的培养方案，然后再提交给学部（系部）审核，最后再由学校进行网上审核，以形成最终完整的培养方案。整个培养方案制订方案流程，由各个岗位的参与人统一实现在网上协作完成，保证培养方案的准确性，提高培养方案制订过程的工作效率，避免传统纸上操作的资源浪费。同时提供教学计划对比功能，反映相同专业不同年级课程的差异。

7. 开课计划管理

开课计划主要是按照学期确定学生学习的课程，同时为教师在具体的学期制定教学任务。开课计划来源两种，一种为来源于专业培养方案内的开课计划，一种为每个学期学校开设的公共选修课，系统分别支持这两种开课计划制订。开课计划制订方式支持学部、学校两级审核方式和学校直接确定开课计划方式。开课计划制订可以直接从培养方案获取每学期应当开设的课程信息，可以方便、快速地对初始化的开课计划进行变更调整，同时系统提供按年级专业查看开课计划与培养方案的差异功能，方便管理人员实施了解各年级专业的培养方案的实际执行情况。

8. 排课管理

排课作为教学管理过程中的重要一环，提供自动排课与手动排课相结合的方式完成学校课程表编排。

排课管理支持教务处和学部两级协作排课，支持按行政班安排教学和小班化教学两种模式排课的需要，支持体育课按项目和性别安排教学的需要，支持理论课和实践课的编排，实践课可以安排每周详细的实践课表。

基于优秀的自动排课算法，全面考虑排课时所涉及的课程、时间、学生、老师、教室5种资源的分配合理性以及资源的特殊情况处理，从整体角度编排出合理、人性化的课表。同时提供直观易用的手工编排课表的功能。还提供针对全局课表的冲突和异常检测以及老师、学生、行政班、教室、时间、课程等多角度的课表查询。

9. 选课管理

选课管理在满足系统标准硬件需求的前提下，具有优秀的高并发处理能力，支持2万人同时上线顺畅选课。另外选课管理提供给选课管理员灵活的控制管理功能，可以针对学生、课程资源、学生选课时间、学生选课范围、学生选课权限、选课策略进行灵活开关和调整，以处理选课过程中可能出现的因前期工作处理不完善带来的选课突发事件。为学生提供简单、清晰易用的选课功能，帮助学生顺利完成选课；为学校和学部管理员提供对选课过程的实时监控分析以及对选课结果数据的调整功能。

10. 职业资格管理

报名管理支持对例如职业资格等级等考试报名需求，同时支持学校组织的其他形式的考试报名要求。并能通过手机的方式方便学生进行考试报名。通过对报名数据进行处理以及相关报表生成，与上级主管部门系统进行对接，方便组织学校整个考试报名活动。

11．考务管理

考务管理提供日常教学期中、期末考试的安排。支持按批次进行排考，使排考工作更加灵活。

提供自动排课和手工排考两种模式协同排考，大大减轻管理人员排考的工作量。

考务管理提供考试过程中需要的多种报表，以及提供老师和学生网上查询考试安排的查询服务。

系统还针对排考结果提供统计分析功能，帮组管理人员了解排考结果的合理程度。

12．成绩管理

成绩管理提供多种成绩录入的方式（老师网上录入正常上课成绩，管理人员按行政班或专业录入课程成绩，零散录入个人成绩等），成绩修改和删除，以及成绩的审核功能。同时系统还支持学校自主设置多种成绩分制已各分制与百分制之间的对应关系，成绩录入时可自由选择成绩分制。另外通过多种维度的成绩查询统计，实现学校各个部门对学生成绩数据的使用需求（如学生工作部门使用成绩进行奖学金评定、综合测评等）。

13. 评教管理

评教管理是指针对老师、教辅人员的教学工作进行质量评价，为学校教职工的职称评审和评优评选提供重要依据。支持对学校教学中不同类别的课程采用不同的教学质量评价体系，同时支持多维度的评价主体对被评对象进行评价，可灵活设置各评价主体的评价结果所占总评结果的比例系数，提供评教结果的查询和评教结果的统计分析功能。

14. 实训管理系统

实训管理是职业类院校教学的重要组成部分，包括校内实训管理、顶岗实习管理、职业技能管理、竞赛管理。

15. 校内实训管理

校内实训管理主要包含实训基地及实训设备、器材管理，实训计划，实训组织安排，实训结果考核等工作内容。

（1）可以对每学期各专业的实训教学计划进行统一管理，是实训课表安排的依据。

（2）提供依据实训教学计划进行实训课程的课表安排，安排实训课上课老师、上课时间、上课地点，保证学生、老师、地点不能冲突。

（3）实训安排时需要考虑到对校外社会人员承担实训或者技能考试的时间不要冲突。

（4）实训设备或材料的管理需要对设备（材料）的基本信

息、使用记录、维修记录、保养记录、借用和归还情况进行登记。

（5）实训管理需要对实训人员的实训过程进行巡查和考核。

（6）需要实训中心实训设备的使用率情况进行统计，并将数据上报给上级相关管理部门。

16．职业技能管理

（1）技能鉴定报名能够让班主任将报名信息在系统中登记，管理人员对报名信息进行汇总统计，同时班主任上报信息需要受到时间控制，报名时系统可以设置是否需要限定名额，记录收费情况。

（2）学生可以查看各类技能考试的详情、资格证书适用性等信息，方便学生日常学习和考证。

（3）管理员可导入或录入技能成绩，班主任可以查询和导出的本班级的学生的技能成绩。

（4）可以进行学生技能考试成绩的统计（包括通过率统计、一人多证率统计等情况）。

（5）学生能够查询自己考核的技能考成绩。

17．顶岗实习管理系统

顶岗实习管理提供实习基地建设、实习计划制订、实习安排、实习过程交流、实习结果管理等功能。

可以对实习基地进行统一管理。并且记录实习基地的建设情况。

能够制订实习计划，并且安排学生实习岗位和跟踪的指导老师。学生能够按时提交实习小结。指导老师或者班主任定期与学生联系，登记实习情况。

指导老师或者班主任可以与学生进行在线交流与沟通。

学生实习完毕后，可以登记学生的实习结果，并且进行评价。

能够导出学生的基本信息、晋升情况、毕业是否直接进入单位等情况进行上报。

18. 竞赛管理

竞赛管理主要包含对学校日常教学中需要举办的知识竞赛或技能项目竞赛进行组织学生报名，竞赛组织安排，竞赛成绩评定，竞赛评奖评优，获奖学生奖励等内容。

能够维护每届竞赛的项目、内容介绍、报名须知、限报人数等。可以设置学生限报的竞赛项目。

提供学生网上报名功能，学生可以在线报名，进行项目的选择。项目报名可以采取先到先得的方式。

提供竞赛报名和结果的统计，管理员可以按竞赛项目分类汇总参加人数。能输入各项目的比赛成绩，按比例确定比赛名次，输出获奖结果。学生得到的获奖结果可以记入学生成长轨迹中。

19．教材管理

提供出版社、教材供应商、经手人、出入库类别、教材信息、仓库与书架等基础数据字典信息维护。

提供按每学期的开课计划绑定班级每门课程使用的教材，生成教材订单。

提供教材采购、入库、出库、仓库盘点、仓库调拨管理功能。

提供教材预收款管理和班级教材费用统计功能。

20．综合事务管理

学生事务管理是中高职学校管理的一大难题，管理需要细致到人，工作方式需要严肃性和人性化相结合。

以学生为中心，涵盖学生的招生阶段、入学报到阶段、在校阶段、就业阶段、离校阶段到校友阶段的全生命周期的管理。系统建设的过程中充分结合"学生全生命周期的服务、全局性服务、主动式服务、透明化、交互式服务、关联式服务、多样性服务"的设计理念，以实现根据学生不同的在校生命周期，通过不同的身份（新生、在校生、校友）一站式的访问到不同的信息化服务内容的目的。

21．招生管理

中高职院校招生工作涉及到学校方方面面。招生管理基于网络技术和数据共享的理念，改变传统的手工操作模式，进一步明确各部门及工作人员在招生过程中的职责和业务管理范围，减轻部门工作量、提高工作效率、减少统计数据和决策时间。

招生工作很大部分在宣传上，可以通过在校园网站中设置招生专栏进行宣传。包括专业设置、就业方向、自荐生招生指南等。

根据招生的批次以及流程，实现招生计划管理、网上报名、缴费确认，并且对学生的各项信息进行管理。可实时查看招生的进度情况；可进行信息汇总统计，包括来源渠道统计、生源地区统计等等；可将预录取的信息导出使用。

22. 新生报到管理

迎新工作按序可以分为迎新方案配置和数据准备、迎新网站服务、迎新现场服务和迎新后续管理4个阶段。系统的功能设计将围绕这4个阶段，面向新生及家长、迎新工作人员、系统管理者三类角色，为整个迎新流程提供管理及服务的数字化环境。包括迎新准备、迎新学生服务、迎新现场办理、迎新统计。

迎新准备提供分班分学号功能。分班、分宿舍等信息在新生服务页面和数字信息亭上展示，供学生查看。

迎新现场办理实现根据学校设置的迎新办理流程，为每个学生完成报到手续。如现场查验录取通知书和验证身份、现场缴费、领取生活用品等。

学校可实时统计各班、各专业、全校报到情况，报到后的数据直接形成学生学籍信息。

23．学生基本信息管理

班主任日常可以对学生的基本信息进行完善和修改，学校各个部门可以实时查询学生的基本信息，并且根据需要进行筛选。如学生特长、学生家庭情况（特困、低保）等。

24．宿舍管理

宿舍管理面向学校学生宿舍业务，提供多样化的宿舍管理模式，可根据实际情况进行分校区、分宿舍区、分楼宇甚至是分楼层管理。面向宿舍管理业务，宿舍管理提供：宿舍资源管理、宿舍日常调整、宿舍分配管理。

新生宿舍可以采取两种分配方式，一种是预先分配所有学生，一种是现场分配，可以根据当年招生情况和学校的住宿房源情况灵活选用。

两种分配方式都可以采取学校分配或者学校和教学部两级分配的方式。在学校和教学部两级分配的情况下，可以由学校分配房源信息至各教学部，各教学部进行学生床位的安排。

分班、分宿舍等信息在新生服务页面和学校数字信息亭上的展示，供学生到校前后查看。

提供日常统计，包括学生住宿信息统计、空床位统计、违纪情况统计等，有助于管理者及时发现宿舍安全隐患。

25．评奖评优管理

评奖评优管理包含奖学金和荣誉称号。根据业务需求的差异分析提供奖学金/荣誉称号种类定义、属性设置、名额分配、网上评选、金额发放（奖学金）和查询统计。提供资格筛选器配合使用，能够限制评选条件，减少过滤学生名单的工作量。

26．违纪处分管理

支持对违纪、处分类型灵活设置，方便维护处分信息。可对违纪处分进行处分后管理，如撤销、降级等。支持按照专业、学部、班级对违纪处分信息进行统计查询，作为评奖评优、毕业审查等业务的重要支撑数据。

班主任可随时查看处分尚未撤销的学生名单。

27．资助管理

为了便于学生了解资助工作，可以在新生服务页面和学校网站上设置相应的宣传栏目，提醒学生带齐手续，到校办理。

提供困难生认定、助学金管理、学费减免管理等功能。可以设置学校的资助的类型，如普惠金、校内助学金、减免学费等，可以设定与资助相关的查询条件，班主任能够通过查询条件筛选和汇总得出学生的困难情况，提交资助金额。学校能够对资助情况进行公示。

班主任能够维护班级学生与资助相关的信息，并且标识困难原因。如海岛、低保、涉农等。

可对资助进行综合数据查询，能够导出供省市或教育部系统用的资助数据。有助于学校了解业务覆盖情况，方便学校对受助学生进行全过程帮扶。

28．勤工俭学管理

勤工俭学面对学有余力的学生。提供勤工俭学岗位管理、勤工俭学信息维护、勤工俭学报酬录入与发放等功能。帮助学校了解勤工俭学学生情况以及报酬获取情况。

29．学生品德操行管理

针对学生的行为规范进行量化管理。

可以设定行为规范管理项目，如日常考勤、纪律、卫生等。日常进行考核，并记录加减分。可以按月进行汇总，形成学期德育评价，可动态生成奖惩管理。

建设初期可以利用校园网与 3G 网络进行学生的计分与信息查询。后续可以进行移动校园建设，评分工作人员可以通过无线网络实时记录学生的加减分情况，减轻后续处理数据的工作量。

全校各级授权用户都能够查询学生的行为规范分数。

30．班级量化考核管理

从班级层面进行全方位的考核管理，可以对竞赛项目（如考勤、宿舍管理、晚自修管理、个人整理、升旗跑操、卫生、个人仪表、午休管理、课堂纪律等）对班级管理进行加分、扣分数据的录入、统计汇总，为班级评先评优提供数据支撑。考核相关的结果会记录入班级的荣誉榜，班级也可以查询到所有的历史明细等。

建设初期可以利用校园网与3G网络进行班级的计分与信息查询。后续可以进行移动校园建设，评分工作人员可以通过无线网络实时记录班级的加减分情况，减轻后续处理数据的工作量。

学生、班主任和学生处可以通过电子显示屏、移动终端、PC查询信息每天的扣分情况。

31．班主任管理

针对班主任的相关数据进行管理，包括班主任的基本信息管理、班主任历史带班信息、班主任评优管理。

在为班级任命班主任后，班主任可以立刻拥有管理班级和查询班级情况的权限。

32．活动管理

学校可以对组织的活动进行统一管理，包括社团活动、文娱活动、体育活动、德育教育等活动。

可以包括活动信息登记、参加学生管理、学生参加活动评价、活动内容展示等。

33．心理健康

能够为学生提供心理咨询预约服务。学生可以在线进行心理咨询预约，学校心理指导老师受理后可以给学生反馈预约时间，学生可以接受回复，并且到时去咨询。

34．就业管理

就业管理包含就业指导、就业信息发布、毕业去向登记等功能。提供对就业数据的实时统计，包括各种就业形式的就业率、各专业就业趋势等，帮助学校开展就业指导工作，提高就业率。

能够登记和查看学生的就业去向信息，同时可以查看学生的实习成长记录。

能够在校内进行招聘信息和招聘会信息发布。

可以进行就业情况统计分析。能够导出上报需要的就业情况统计表。

35．离校管理

离校管理面向毕业生、离校工作人员、系统管理者三类角色，为整个离校流程提供管理及服务的数字化环境。离校包括：离校准备、离校手续办理、离校后续管理。使符合条件的学生能够进行自助离校办理，减轻离校工作人员工作量和离校组织压力。

离校过程中和离校后可以对离校数据进行分析，查看不符合离校条件或未按期办理离校的学生，方便后续工作安排。

36．学生费用管理

统一管理学生的收费与发费。

能够执行学生学费、住宿费等收费项目的收取，学生可以查询个人收费与缴费情况。班主任可以查询班级学生欠费情况，定期进行催缴。

能够统一管理助学金、奖学金等发放项目，发放后可以给予学生提示。学生可以在线查看个人发放详情。班主任可以按照班级统计奖助金额情况。

在学生离校时可以进行统一结算。

37．毕业生跟踪管理

学校优秀毕业生对学校是宝贵的财富，提供毕业生跟踪管理功能，学校可以对学生毕业后的工作、家庭地址的变更情况进行维护，方便与毕业生联系。也方便邀请优秀毕业生到学校举办讲座。

38．学生成长轨迹

汇集学生在校期间的教学、德育、活动、职业技能等方方面面的信息，成为追踪学生成长的重要数据支撑。班主任、教师可查询个人权限范围内的信息。

（四）综合师资管理

1．组织机构编制管理

组织机构编制管理实现对学校组织机构、组织机构编制的管理，可根据学校发展情况，设置及调整学校各单位、各类岗位的组织机构和人员定额，包括维护编制类别、计划编制管理、查看编制详细信息。

2. 教职工信息管理

教职工信息管理面向教师人事管理全生命周期，提供教职工信息管理、数据统计管理等功能。提供多维度、全方位的人才数据统计功能，实时反映学校的教职工基本信息状况，以满足管理的需要。

3. 外聘教职工管理

外聘教职工管理结合学校组织结构管理特点，提供外聘教师管理、临时工信息管理、数据统计管理等功能。提供外聘教职工的数据统计功能，实时反映学校的临时人员的状况，以满足管理的需要。

4. 人事调配管理

人事调配管理根据学校的业务特点，提供新进人员管理、校内调动管理、人员离校管理等功能，以上业务的申请、审核流程可自定义，并提供查询、统计和维护等功能。

5. 合同管理

支持学校对不同人员的多种劳动合同进行管理，如新进人员的劳动聘用合同、高级人才的引进合同、外聘教师合同等。功能包括多种合同类型管理、合同登记、合同变更、合同续聘、合同查询等功能。

6．进修培训管理

进修培训管理面向教师进修与培训工作，是人才培养的的重要方面。系统通过提供培训计划、预算的编制、培训实施、培训费用管理、培训效果评估、培训协议管理、学历学位进修、培训预算执行情况统计等功能，全面满足学校对人才培养的要求。

7．工资管理

维护每月工资计算结果和实发工资结果，教师可以查询个人工资发放情况。

包括工资账套设置、工资项设置、分项工资数据上报、分项工资数据审核、工资汇总计算、工资查询。

8．职称管理

提供中学序列和中高职序列的职称资格申报及审核的整个过程，管理员可了解职称资格申请状况，统计各学部职称资格申请情况，方便查询统计和上报；同时提供职称聘任结果信息的维护功能，可选择录入或导入的方式更新教职工的职称聘任情况。

9．考勤管理

教职工可以进行个人请假及销假申请操作，学部负责人也可登记本学部教职工的请假情况，学校根据各学部上报的请假信息或教职工审核通过的请假信息，确认后可按请假类型和请假时间段进行统计，也可直接统计某人某段时间的所有请假信息，统计结果可导出，为学校教职工薪酬发放等工作提供重要依据。

10．考核管理

提供考核信息维护、考核结果查询统计等功能，方便统计各年度各系部教职工的考核结果情况，统计结果可导出。

11．科研项目管理

科研项目包括纵向项目和横向项目，科研项目管理用来实现对纵向项目和横向项目的管理，包括对纵向项目和横向项目的基础数据配置，对纵向项目和横向项目的信息维护以及管理。

12．教科研成果管理

可用来实现对刊物论文、会议论文、著作成果、专利成果、鉴定成果、获奖成果等教科研成果的管理。主要包括刊物论文信息、会议论文信息、审核著作成果信息、专利成果信息、鉴定成果信息、获奖成果信息的新增、修改、删除、申请、审核等功能。支持成果信息由科研人员录入，二级学院和科研管理人员审核及管理员直接录入或导入的多种工作模式，可对各类成果信息进行查询和统计。

13．教学任务量管理

系统可以根据排课信息自动统计教职工教学任务量，结合教科研成果统计，可以为分析教师工作量提供基础数据。

14．教师业务档案管理

系统可以对教职工业务档案信息进行管理，包括教师任课情况、教师工资津贴、教科研信息、国内学习进修情况、出国学习情况、考核情况、管理工作情况、专家信息、学术团体兼职信息、社会兼职信息、专利信息、论著情况、专长情况等。形成一个全面的教师业务档案，便于人事部门及教师本人进行数据填报、统计分析等。

（五）总务后勤管理

1．设备采购管理

执行校内设备采购流程，对设备采购合同进行管理。

2．房产管理

对学校建筑产权进行登记与日常维护，对公用建筑及房屋（包括教室、操场、实验室等）的分配与使用进行管理，对房屋及附属设备的维修进行登记等。

3．安全管理

记录校园安全事件以及巡查、排查结果。

4．水电管理

管理学校水电表信息，对抄表信息进行记录，并计算水电费用。

5．设备资产管理

对学校物资进行统一管理。物资包括固定资产、材料和低值易耗品。其中固定资产管理包括进库、领用、保管、存放等，支持部门与学校两级管理。并可进行固定资产的对账。

6．维修管理

对学校报修和维修进行统一管理和监控。学生或者教师可以对需要维修的设施进行报修，维修部门接到报修后进行受理，并且给出维修结果。可以统计维修工作量。

（六）协同办公管理

办公自动化管理组件是面向以校长办公室、业务处室为主体，涵盖各学部主要行政办公人员在内的，以办文办事办会为核心的行政事务协作系统。

办公管理组件的建设目标如下：

依靠信息化技术建立可靠的信息传递平台，替代传统的纸质方式，规范公文流转过程，提高办文效率与质量；

实现远程电子办公，一定程度上解决了日常事务时间、地域上的限制，提高办公效率；

为工作人员提供了一个多功能的桌面化的办公环境，基本满足学校管理层的日常业务，实现校办、党办的日常事务的信息化管理；

对于流程事务，提供了待办、催办等功能，有效地解决了多部门间协调以及处理效率提升的问题。

1. 公文管理

收文管理：对外来的、部门间的收文的登记、拟办、阅批、下发、承办、二次分办、归档、统计查询功能。

发文管理：实现发文的网上拟稿、部门领导审批、会签、会签意见反馈、审核、签发、印发、归档、各部门承办、统计查询、催办功能。

请示报告：实现各部门请示报告的生成、部门意见的签署、办公室拟办意见的签署和领导批示全过程，并实现流程的实时监控。

2. 会议管理

包括会议安排、会议表格生成、会议室申请、会议室信息维护、会议室状况查询等。

3. 公共信息管理

通知公告：能够撰写通知、在发布之前进行修改和浏览，发布后只能指定范围内的用户能够阅读。并能够进行搜索。

周会表：将学校每周会议的召开情况进行通报。

4. 个人办公

待办事宜：集中管理所有人待处理的内容，可以是公文、也可以是通知等消息。对于有流程的处理结束才转入已办事宜，没有流程的则自己判断。

站内消息：可以给其他用户发送即时消息，消息是文字内容也可附加附件。对方不在线时，系统会在对方一上线时，就进行提醒，提醒方式有语音与闪动图标。

个人配置：提供了个人的密码修改，个性化界面定制，消息提醒设置，快捷栏目定义等功能。

常用联系人：用于保存、管理用户经常使用的联系人信息，可按姓名、地区、单位等进行检索。支持将联系人的信息授权给他人查阅。

三、网络学习平台

网络学习平台体系是以专业教学资源建设为核心，集网络课程建设及展示、教学资源管理、教师备课、网上教学、学生学习、教学评价于一体的数字化学习体系，是学校信息化建设的重要组成部分。该体系以资源共享为目的，面向海量资源处理，包含资源分布式存储、资源管理、资源评价等诸多功能，实现资源的快速上传、检索、分享和归档；同时又能利用平台资源进行网络课程、精品课程制作和题库、作业库和试卷库等素材资源建设，方便教师和学生开展网上教学。同时，还包含了专业资源的建设成果展示平台，向同行业、兄弟院校展示其教学资源，核心专业网络课程、精品课程等。

网络学习平台符合中高等职业技术学校质量工程建设的要求。

采用 B/S 架构设计，方便师生随时随地进行课程制作和网络学习。可以与教学资源中心融合。可以利用资源开课，也可以在网络教学平台中录制课程。可以将课程提交至教学资源中心发布，建设以课程资料为中心的课程体系，后续定期举办网上公开课、培训班等，提高优质资源利用率。

以专业资源库为核心的数字化学习体系包含了以下主要模块：教师备课系统、学习平台与教学评价、学习中心等。

（一）教师功能

1. 教学班管理

开课成员管理的功能，包括审核学生的课程学习申请，添加、删除开课成员，管理开课成员的学习时限，添加、删除、修改教学班，设置教学班的启用状态，管理教学班的学生。

2．课程管理

教师可以申请开课及取消开课申请。课程申请通过审核后可以进行开启论坛、网站设置、成员管理、班次管理等操作。

我的课程管理

申请开课

课程名称	课程负责人	开课时间	状态	操作
大学体育	谢忠华(…	2011-07-19	已开通	成员管理｜班次管理｜网站设置｜课程介绍｜资源｜开启论坛
软件工程		2011-07-12	已开通	成员管理｜班次管理｜网站设置｜课程介绍｜资源｜开启论坛
计算机基础		2011-08-09	正在申请 …	取消申请｜课程介绍｜资源｜开启论坛
计算机基础		2011-08-08	正在申请 …	取消申请｜课程介绍｜资源｜开启论坛
测试课程6_教培		2011-07-19	正在申请 …	取消申请｜课程介绍｜资源｜开启论坛
测试课程5_开		2011-07-07	正在申请 …	取消申请｜课程介绍｜资源｜开启论坛
成教1		2011-07-05	正在申请 …	取消申请｜课程介绍｜资源｜开启论坛

3．课程网站

每个课程可以设置一个课程网站，课程网站可以支持多个视图，每个视图可设置是否展示；教师可以在线编辑课程网站内容的功能或者离线编辑课程网站内容后上报到学习平台。

课程网站可设置进阶要求，适用班次或适用个人，教师在进行网络课程教学时，可以对个人教授的课程内容按照章节设置不同的标准。学习的标准分成两个方面，一个是网络课程的学生学习时间，另一个老师在某个章节下设置一门测验或者考试，学生参加后，以获得成绩作为是否通过的标准。学生在学习时，只有通过了章节设置的标准，才能继续学习后面的章节，这样做可以控制学生的学习进度和学习过程，指导学生的学习路径。

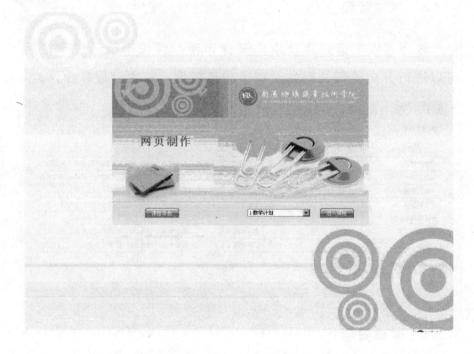

4. 作业管理

教师可以催交任务、批阅任务、调整任务分类（设置为已批阅或未批阅）、发布任务成绩和取消成绩发布、查看历史班次任务。

支持单文件类型作业、作业库中抽取作业、试卷库和试卷库中抽卷等多种作业发布模式。

5. 考试管理

教师可以催交考试、批阅考试、调整考试分类（设置为已批阅或未批阅）、发布考试成绩和取消成绩发布、查看历史班次考试。

教师发布试卷，支持文档格式试卷、导入 jpp 包、组卷策略等多种组卷方式。

6. 错题统计与查看

教师可以查看学生相关错题，了解每个学生的薄弱环节。

7. 成绩管理与教学测评

教师可以导入在线作业、考试成绩或是通过 Excel 表格导入，也可以同步教务系统中的成绩记录到成绩表中，进行教学测评，查看每个学生的能力成长报告。

8. 学习统计

提供学习统计的数据和查询。教师可以分析所教授课程的各种情况，包括学生学习状态、学生学习进度等。

说明信息：学生相关信息统计（导出）

提示："登录次数"为学员系统登录次数

课程名称：--请选择--　　开班名称：--请选择--　　　　　　　　　　20/48 3 1 2 3 >> >| 　20

序号	学生学号	学生姓名	登录次数	在线时长(时:分:秒)	课程名称	课程代码	教师名称	学习进度(%)	论坛		作业				考试			
									论题数	参与数	次数	完成率(%)	最佳成绩	平均成绩	次数	完成率(%)	最佳成绩	平均成绩
1	10092142	张雨	33	00:14:00	php技术	011php	guanliyuan	57.14	0	0	1	0	0	0	0	0	0	0
2	10092142	张雨	33	00:14:00	软件工程	2011051201	guanliyuan	57.14	0	0	10	50	100	89	6	33.33	13	13
3	20091906	罗婧婧	18	00:04:00	软件工程	2011051201	guanliyuan	14.29	0	0	10	40	92	86	6	33.33	13	9
4	20091906	罗婧婧	18	00:04:00	php技术	011php	guanliyuan	14.29	0	0	1	0	0	0	0	0	0	0
5	10086117	张雯	0	00:00:00	php技术	011php	guanliyuan	0	0	0	1	0	0	0	0	0	0	0
6	10093127	顾鹏	0	00:00:00	php技术	011php	guanliyuan	0	0	0	1	0	0	0	0	0	0	0
7	07713214	杨苗苗	0	00:00:00	php技术	011php	guanliyuan	0	0	0	1	0	0	0	0	0	0	0
8	08743131	杨丽	0	00:00:00	php技术	011php	guanliyuan	0	0	0	1	0	0	0	0	0	0	0
9	07853144	杨会影	0	00:00:00	php技术	011php	guanliyuan	0	0	0	1	0	0	0	0	0	0	0
10	9873110	孙瑾莹	0	00:00:00	php技术	011php	guanliyuan	0	0	0	1	0	0	0	0	0	0	0

9．课程调查

教师可以发布课程调查问卷，并可查看课程调查统计结果。

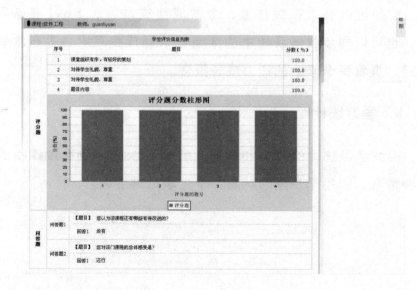

10．教学答疑

包含添加问题、查询问题、查看问题、回复问题、删除问题的功能。教师可针对课程提出讨论题，对于学生提出的问题，教师可回答。

11．常见问题集锦

教师可将可将答疑中的问题，添加到问题集锦中，或直接在问题集锦中添加常见问题以及解决方案。

（二）学生功能

1．我的课程

当前学习课程、历史学习课程、申请学习课程，点击课程可进入学习页面。

2．课堂讨论

对学习过程中遇到的问题可进进行发布，由相关教师或学生来进行答疑讨论。

3．学习笔记

学生可以记录自己的学习心得，将自已的笔记分享给好友或选择公开，同时可以浏览好友相关笔记。

| 我的笔记 | 分享的笔记 | 好友笔记 | 草稿箱 | 添加笔记 |

所属课程：===请选择===▼ 所属章节：===请选择===▼ 所属页面：===请选择===▼

实习第四周   编辑 ┊ 删除
2011-08-10 10:45:38 分类:学习笔记 课程： 评论：0 阅读：0

实习第三周   编辑 ┊ 删除
2011-08-10 10:45:29 分类:学习笔记 课程： 评论：0 阅读：0

实习第二周   编辑 ┊ 删除
2011-08-10 10:45:13 分类:学习笔记 课程： 评论：0 阅读：0

实习第一周   编辑 ┊ 删除
2011-08-10 10:45:01 分类:学习笔记 课程： 评论：0 阅读：0

4/4 1 1   20▼

4．错题集

系统会自动记录学生每次考试没有得到满分的题目，加入到学生错题集，方便学习进行再一次的自我测试。

5．学习测评

根据各课教师发布的成绩管理成绩册中的数据生成学生相关成长趋势图，以及能力倾向图。

学生能力成长报告

姓名： 武香　学号：201010A02

● 个人 ▓ 均分

成绩图

	单元1测试	单元2测试	期中测试	单元3测试	单元4测试	期末测试	——
英语	78	83	69.5	89	91	86	
	测试1	测试2	测试3	期中测试	测试4	测试5	期末测试
数学	81	81	83	79	89.5	95	91
	动力测试	电力测试	期中测试	光测试	期末测试	——	——
物理	92	89	93	88	90		
	单元1测试	单元2测试	期中测试	单元3测试	单元4测试	期末测试	——
化学	63	67	76	72	81	69	
	单元1测试	单元2测试	期中测试	单元3测试	单元4测试	期末测试	——
经济	61	91	78.5	74	76	83	

排名　．成长趋势

数学排名　　　　　　英语排名　　　　　　物理排名

化学排名　　　　　　经济排名

教学评语

李晨：聪明机灵，才思敏捷，活泼好动，工作能力强，各方面综合素质不错。学习能力强，反应迅速，成绩优异。为人坚持原则，乐于助人，团结同学，深受大家喜爱。希望在升入高二及以后，你能静下心来，踏实学习，志存高远，争取更大的进步，朝自己的目标不断前进。

6．个人学习统计

学生可以查看个人学习统计的数据、导出个人学习统计数据。统计数据包含登录次数、在线时长、学习进度、讨论参与情况、作业和考试完成情况。

序号	学生学号	学生姓名	登录次数	在线时长(时:分:秒)	课程名称	课程代码	教师名称	学习进度(%)	论坛		作业				考试		
									论题数	参与数	次数	完成率(%)	最佳成绩	平均成绩	次数	完成率(%)	最佳成绩	平均成绩
1	20091703	李飞	25	00:00:00	软件工程	2011051201	guanliyuan	0	0	0	10	10	76	78	6	33.33	13	9
2	20091703	李飞	25	00:00:00	Java技术	20110513	guanliyuan	0	0	0	0	0	1	0	0	0	0	0
3	20091703	李飞	25	00:00:00	php技术	011php	guanliyuan	0	0	0	1	0	0	0	0	0	0	0

7．问卷调查

进入课程评价，填写评价表。对于已经评价过的课程可以查看历史评价记录。

课程评价	
软件工程	授课老师： guanliyuan
评价标题：評價測試	评价结束时间： 2012-07-05
评价状态：已评论 查看	进入评价
评价标题：测试评价表	评价结束时间： 2012-07-06
评价状态：已评论 查看	进入评价

8．课程常见问题

查看检索教师发布的关于课程常见问题以及解答。

9. 试题库管理平台

试题库管理平台包含试题编辑、策略组卷、手工组卷、在线考试、考试成绩、试题统计。

内置 Word 试卷解析工具，方便教师将长期积累达到试卷转换成符合国际 QTI 试题标准的试题，上传后自动转存到试题库和试卷库中，并且支持对试题和试卷的管理统计。需要时，可以讲试题库或试卷库中的资料重组或抽取部分组成一份新的试题。组卷方式支持以下几种：

（1）随机组卷：随机从试题库中抽取部分试题组合成新试题或从试卷库中抽取试卷。

（2）策略组卷：设置组卷策略，如各种类型试题的不同比重等。每生成一份新试题时系统都将按照该策略进行组卷。

（3）手工组卷：手动选择试卷或试题，并进行修改和编辑，最终形成一份试卷。

（4）考试成绩：学生可以进行在线答题，并且输出成绩。

（5）试题统计：可以统计当前试题库的试题总数。

10. 智能录播

智能录播通过录播系统、视频点播、网络电视台、微格教室系统四大功能模块，可以实现分布式录播的功能，提高教学和科学研讨的效率。

可以为远端用户提供在线实时学习的平台、后期把课件上传实现动态教学资源的建设和共享，优秀课件可以进入精品课程展示空间。

提供公开课的转播与录制，可以提供给校内外用户学习与观摩。

提供会议的直播与转播，提供多方教学与科研研讨。

XIAOYUAN
SHUZIHUA

校园
数字化（下）

吕佳航◎编著

中国出版集团

现代出版社

图书在版编目（CIP）数据

校园数字化（下）/ 吕佳航编著. —北京：现代
出版社，2014.1
ISBN 978-7-5143-2167-8

Ⅰ. ①校… Ⅱ. ①吕… Ⅲ. ①数字技术 – 应用 – 学校管理
Ⅳ. ①G47 – 39

中国版本图书馆 CIP 数据核字（2014）第 008489 号

作　　者　吕佳航
责任编辑　王敬一
出版发行　现代出版社
通讯地址　北京市安定门外安华里 504 号
邮政编码　100011
电　　话　010 – 64267325 64245264（传真）
网　　址　www.1980xd.com
电子邮箱　xiandai@cnpitc.com.cn
印　　刷　唐山富达印务有限公司
开　　本　710mm×1000mm　1/16
印　　张　16
版　　次　2014 年 1 月第 1 版　2023 年 5 月第 3 次印刷
书　　号　ISBN 978-7-5143-2167-8
定　　价　76.00 元（上下册）

目 录

第6章 网络教学平台设计(下)

四、信息门户平台 ················· 1

五、个人主页 ················· 4

第7章 精品课程服务平台

一、精品课程申报 ················· 22

二、精品课程评审 ················· 23

三、用户价值 ················· 24

第8章 教务管理系统

一、学生注册 ················· 34

二、信息维护 ················· 36

三、成绩管理 ················· 37

四、功能模块 ·· 37

五、教材管理 ·· 41

六、课堂教学质量管理 ································ 43

第9章　学生工作管理信息系统

一、思想教育管理 ····································· 49

二、评奖评优 ·· 49

三、学生资助 ·· 50

四、军训管理 ·· 52

五、对外交流管理 ····································· 52

六、勤工助学管理 ····································· 52

七、心理健康管理 ····································· 53

八、违纪处分管理 ····································· 54

九、就业管理 ·· 54

第10章　职业技能培训网络平台建设

一、校园门户网站及网站群 ····················· 57

二、高校网站建设现状 ····························· 57

三、解决方案建议 ····································· 60

第11章　体育运动网络管理系统

一、移动办公 ·· 66

二、移动教务 ……………………………………………………… 71

三、移动德育考核 ………………………………………………… 77

四、移动校园社区 ………………………………………………… 79

五、一卡通系统 …………………………………………………… 83

第12章　迎评管理系统

一、信息化流程规范 ……………………………………………… 87

二、校领导综合管理平台 ………………………………………… 88

三、用户服务内容规划 …………………………………………… 91

第13章　校企合作服务平台

一、校企合作服务平台的功能模块 ……………………………… 94

二、分期规划策略 ………………………………………………… 95

第14章　科研管理信息系统

一、功能模块 ……………………………………………………… 101

二、具体功能 ……………………………………………………… 102

第15章　学报网络化平台建设

一、网络化平台建设的目的 ……………………………………… 107

二、学术期刊网络化平台包含的内容 …………………………… 108

第 16 章　实训室与设备管理系统

一、实训室管理系统 ………………………………………… 112

二、设备管理系统 …………………………………………… 114

第6章 网络教学平台设计（下）

四、信息门户平台

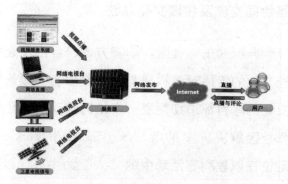

资源发布

远程教学

11. 仿真实训教学

网络虚拟实验室是一个无墙的中心，通过计算机网络系统，学生将不受时空的限制，随时随地与同学协作，共享仪器设备，共享数据和计算资源，得到教师的远程指导以及与同学相互研讨。

由于通过网络虚拟实验室能够实现跨时空跨学科的仪器设备远程共享，甚至远程控制，满足科研教学对分布式实验系统的要求，同时解决棘手的教学资源紧张问题。虚拟实训室需要针对学校专业建造。

12. 网络协同交流及校园文化系统

学校是一个典型的生活社区，非官方的、自由发起的团体或社区协作、校园文化的传播对教科研与学校发展有重要影响。教科研活动与校园文化的培育都迫切需要一个协同互动的社区平台。

校园协作社区解决方案采用 SNS（Social Network Software）的设计思想，定位在以教科研活动中的"人"为中心，以教科研活动"过程"为主线，面向人际交互与协同的基础性支撑服务平台。

构建一个全校范围的整体协同环境，将全校师生统一纳入到环境中，这样的大协同环境不仅有利于消除信息不对称，而且还可以避免不同部门、系部重复投资建设类似系统，为学校大大节省了 IT 投入。

把存在于师生脑海中、个人电脑中，存在于学校环境下混沌、分散的各类文档、经验、思潮、心得等信息，固化并且有序管理起来达到共享和重用，提高学校的教学质量和科研水平，推动学校整体实力发展和地位提升。

以网络为依托，突破传统教学的时空限制，为教师和学生提供一个实现师生持续互动的网络教学协作和科研团队协作环境，提升教学效率和科研合作效率。

可以使教师和学生有更多机会交流教学和学习经验，也可以使各种教学和学习资源达到共享，使个体之间学会交流和合作，为完成各种任务来加强个体之间相互协同的能力，从而也有利于不同个体更加易于适应社会发展的需要。

在协作的过程中不断积累资源，沉淀知识，为建立完整的知识体系服务。

本期校园协作社区的解决方案将以"基础服务平台"为核心，以"面向个人、群组的协作应用"为重点，对学校的已有信息门户进行升级，以实现人与人之间的互动协作，提升面向全校师生的服务，深化信息化建设的价值。

协同应用中心根据面向对象的不同分为：一个以"个人"为中心的应用中心，不仅提供了"个人主页/个人动态/信息发布/相册"等展现自我风采的应用，还提供了"寻找好友/分享资源/个人日历/站内信"等实用的网络应用，使得学习、工作和生活都变得井井有条而且充满乐趣；另一个是以"群组"为中心的协同交互应用，为校园中各类团队提供了"日程/公告/讨论/图档/成员管理"等应用组成的协同工作区。让团队内部的信息更一致，沟通更通畅，信息传递更迅速，内部管理也更规范。

协作应用的建设将达到以下目标：

（1）以校园整体的视角来规划校内协作应用，有效围绕校内各类群体构筑细密的交互网络。避免各系部重复投资，节省了维护成本。

（2）以网络编织人际关系，以实际协作场景为参照，规划协作应用，每个协作应用都是贴合实际学习或工作场景的。

（3）将全校师生集中在一个平台上，为校内各种协作团体提供了最完整的用户数据和最贴合组织体系的用户划分，能够让各种协作团体将信息快速准确地传递给指定的用户群。

（4）不仅提供内部协作，还提供了外部协作。让内部和外部的协作都做到信息互通、分享方便和资源整合。

五、个人主页

个人主页是个人展示的空间，它将用户对外发布的所有信息、动态进行聚合，让他人快速地了解自己的动态。通过访问个人主页，可以完整地了解一个用户在协同服务平台上的活动以及公开发布的资源。

个人主页发布范围设置：出于保护个人隐私的需要，用户可以设定自己的个人主页的发布范围，可以设定为"仅自己可见"、"好友可见"、"所有人可见"3级。

个人信息发布：用户可以在个人主页中管理自己的个人信息，包括照片、电子邮件、电话、记事通讯、地址等元素，为保护个人隐私，个人信息也可以设定为"仅自己可见"、"好友可见"、"所有人可见"3级，这样即使个人主页是对所有开放的，也可以保护

这些通讯信息。

留言板功能：用户访问个人主页时，可以通过留言板给对方留言，方便建立起陌生人间的非实时沟通。

最近访客：为方便协同服务平台用户间相互发现，在个人主页中提供最近 9 个访客的列表，通过访客列表，可以跳转到其他用户的个人主页中。

工作区列表：将用户所在的工作区信息进行了列表汇总，方便访客了解到用户的团队社交状况，通过访问工作区列表，可以跳转到这些工作区内。

其他信息汇聚：在个人主页中汇聚了记事、图档、分享、投票、动态、状态、和好友的更新列表信息，通过这些列表，访客可以进一步访问到这些应用中获得更多的信息。

（一）个人动态

个人动态功能是自动发布用户行为的服务，将用户在平台中的活动信息进行了汇聚。

1. 动态类型及其发布权限：动态分为个人动态、工作区动态两大类。个人动态信息发布在个人主页中，用户个人的好友也可以在其好友动态列表中汇聚查看。工作区动态仅在工作区成员间推送。

2. 好友动态列表：按动态创建时间倒序排列所有好友动态信息，方便用户查看。

3. 个人动态列表：在个人主页中按动态创建时间倒序显示所有个人动态信息。如最近的心情状态、发表的记事、上传的照片、下载了哪些文件、参与的讨论或评论等等活动，这些动态信息会被允许范围内的人员看到。

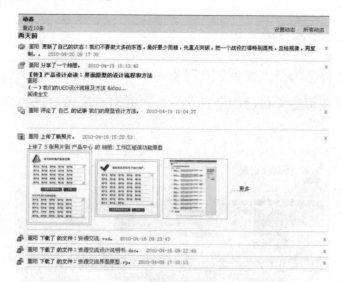

4．个人动态设置：用户可以选择哪些动态信息显示、哪些动态信息不显示，达到保护隐私的目的。

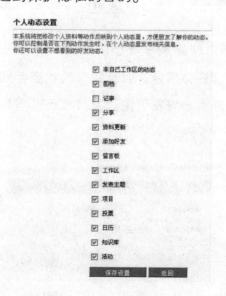

5. 动态删除：用户可以在动态信息已发布后查看内容，并手动删除其中的部分条目。

（二）个人日历

个人日历为个人提供了日程安排和事件提醒等功能，只要经过简单定义即可定义自己的个性化日历，并可分享给自己的好友。

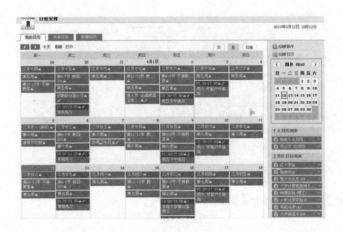

1. 创建日历：创建某一类型的日历，需要设置的信息包括日历名、日历说明、日历颜色，以及共享的状态，如需对外共享该日历，可设定为公开或者好友可见。支持校历、当地城市的天气预报等日历的设置。

系统支持将 iCal 标准格式的日历文件导入到系统中。

2．创建事件：创建某一具体的日程事件，需要设定的信息包括：事件内容、起止时间、是否全天、日历分类、说明、链接、地点、重复规则、重复截止日期、提醒方式等内容。

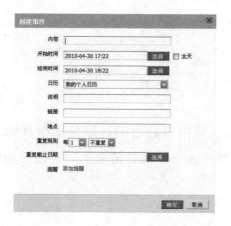

3．添加共享日历：从共享日历列表中浏览或搜索开放的日历，可以将其添加到自己的日历中。可供添加的日历有 3 种，标准日历、公开日历、好友日历。

4．日历管理：可以将日历作为对象进行管理，包括导入/导出 ＊．ics 格式的文件、编辑、删除、是否显示等功能。

5. 查看日历：对日历的查看系统支持日视图、月视图、日程视图 3 种模式。

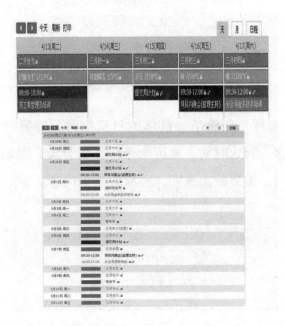

6. 共享日历：可以将自己的日历分享给其他人，也可以在自己的日历中看到其他人分享的日历事件。可以设置哪些日历在视图中显示出来。

（三）记事（博客）

记事类似于博客（BLOG），是简单易用的文章管理工具，用于发布文本、图片、音频、视频等多媒体文件共同构成的 Web 文档。

1. 浏览和发表记事：显示好友的记事和自己的记事，用户可以自己使用富文本编辑器编写一篇新的文章。可以为记事添加标签和任何格式的附件，并为不同的记事设置不同的查看权限：所有人可见、好友可见、仅自己可见。

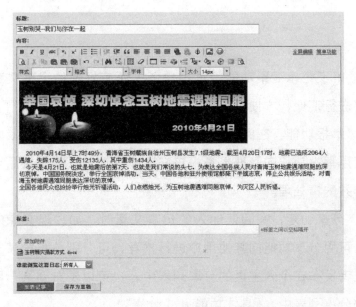

2. 评论：可以评论别人的日志或管理别人对自己日志的评论。

3. RSS 同步功能：记事支持与外部博客进行 RSS 同步，方便在互联网博客服务平台上维护博客的用户将内容同步发布到协同服务平台。

4. 好友记事汇聚功能：将用户个人所有好友的记事文章按时间倒序进行汇聚，方便用户集中阅读，也可以发表评论。

5. 举报功能：在阅读他人的记事文章时，如发现文章内容不当，可用举报功能向管理员举报该文章，管理员获得链接后可查看其内容并酌情处理。

6. 分享功能：在阅读他人的记事文章时，如发现文章内容有价值，可用分享功能向其他用户进行推荐，可分别分享给某一个好友，或者发布在个人主页的分享列表中，也可以发布到某一所在工作区的分享列表中。（具体功能见"分享"）

（四）图档（相册）

图档是一个综合的图片资源管理工具，用于发布 JPG/GIF/PNG/BMP 等格式的图片资源，方便用户在教学、科研、生活中存储、发布和分享图片信息。

显示好友的最新相册和自己的相册，在上传图片之前需要新建一个相册，将图片传到相册中，不同的相册可以设置不同的查看权限：所有人、好友、仅自己，一个相册夹中的所有图片可以打包进行下载。

1. 图档要素：创见图档，必须设置其名称、描述和权限 3 方面信息，图档权限可以设定为"仅自己可见"、"好友可见"、"所有人可见" 3 级。

2. 图片上传：支持多图同时上传，方便用户批量处理。

3. 图档封面设置：可以选择图档中任意一张图片设置为图档封面，如用户不选择，则使用系统默认图片作为封面。封面有助于用户直观的查找图档。

4. 图片编辑：可以在浏览器中直接编辑图档，常用的编辑功能包括旋转图片、注释图片、删除图片。

5. 查看原图：系统自动对大图进行了缩略显示，可通过查看原图功能访问原始图片。

6. 复制图片地址：为方便用户在其他功能中插入图片资源，

可使用图档中的复制图片地址功能获得图片资源 URL，直接在其他编辑器中插入该 URL。

7. 好友图档汇聚功能：将用户个人所有好友图档按时间倒序进行汇聚，方便用户集中查看，也可以发表评论。

8. 举报功能：在阅读他人的图档时，如发现图片内容不当，可用举报功能向管理员举报该图片，管理员获得链接后可查看其内容并酌情处理。

9. 分享功能：在阅读他人的图档时，如发现文章内容有价值，可用分享功能向其他用户进行推荐，可分别分享给某一个好友，或者发布在个人主页的分享列表中，也可以发布到某一所在工作区的分享列表中。（具体功能见"分享"）

（五）网盘

网盘是为用户提供的在线存储，可以像管理本地文件一样管理网盘中的文件。用户可以对别人共享的文件进行评论，同时也可以对自己共享出去文件的评论信息进行查看和管理。

（六）管理文件

可以对自己网盘中的文件进行增删管理，提供文件列表视图和缩略图两种浏览模式。同时列表视图还提供了按照文件名、大小、修改时间的排序功能。

（七）查看共享

可以查看或取消共享我共享给其他人的文件。

（八）上传、下载文件

用户可以创建文件目录并上传或下载自己的文件。

图：文件上传

图：文件下载

网盘支持打包下载，当下载一个文件夹时，系统会自动将文件夹中的所有文件打成压缩包以供下载。这样用户就可以批量下载文件了。

（九）文件收藏

对于用户在好友网盘或工作区中看到的文件，都可以把文件或者文件夹收藏起来。这样在自己的收藏夹中就可以看到这些东西，对于收藏夹中不需要的也可以删除掉。

（十）共享文件

可以将文件共享给自己的好友或工作区伙伴。

（十一）搜索文件

可以利用关键字在网盘中搜索文件，以便快速找到想要找的文件。同时可对搜索结果进行排序。

（十二）分享

分享功能用于在好友、同事、同学等有明确的社会关系的人群间传递推荐信息，有利于信息的定向传播。

用户可以把自己看到的文章、图片、活动、网址分享到自己的主页或分享给好友，也可以分享到个人主页或工作区中。

在看到好友的分享时，可以直接发表评论。

1. 分享网址：用户输入网址完整的 URL 和对该 URL 的描述信息即可将其作为一个分享对象发布到个人分享列表中。

2. 资源分享：协同服务平台中所有可供分享的资源页面内都有相应的分享按钮，用于向其他用户定向推送资源信息。可供分享的资源包括记事文章、图档图片、个人主页、讨论文章、通知公告等等。

3. 好友分享汇聚功能：将用户个人所有好友的分享列表按时

间倒序进行汇聚，方便用户集中查看。

4．举报功能：在阅读他人的分享列表时，如发现内容不当，可用举报功能向管理员举报该分享资源，管理员获得链接后可查看其内容并酌情处理。

（十三）站内信

站内信是协同服务平台为用户提供的简单文本邮件交流工具，在方便平台用户间主动发送文本信息的同时，对各应用提供接口，用于应用向用户自动推送信息。系统支持带有附件的站内信。

1. 收件箱

设为已读、设为未读。

2. 发件箱

查看已发送站内信。

（十四）好友

好友是一种基本的社会关系，在协同服务平台中维护好自己的好友关系，将大大方便用户在好友间传递信息、共享资源，平台也可以给予好友关系自动的推送信息，真正起到促进协同交流的作用。

1. 添加好友或接受邀请：用户可以分页浏览或搜索平台所有注册账户信息（管理员可设置一般用户的可见内容），通过账户列表可访问其个人主页，添加好友的过程是双向确认的过程，被添加者会受到系统发来的邀请，同意后两者即可建立好友关系（也可以拒绝添加为好友的请求）。

2. 好友分组管理：为便于利用好友关系进行信息发布或授权，可以使用好友分组功能对好友进行管理，同一好友可以出现在多个分组中。

3. 好友搜索：根据好友姓名、邮件、电话等信息找到好友。

第7章 精品课程服务平台

一、精品课程申报

1. 精品课程是指具有特色和一流教学水平的示范性课程。精品课程建设要体现现代教育思想，符合科学性、先进性和教育教学的普遍规律，具有鲜明特色，并能恰当运用现代教学技术、方法与手段，教学效果显著，具有示范性和辐射推广作用。

2. 精品课程申报就是建设一个精品课程申报网站，展现精品课程的建设内涵以及网络课程教学。

3. 作为老师，既可以在没有网络课程的情况下先创建精品课程申报网站，也可以在已有网络课程的基础上创建精品课程申报站点。不管是哪种情况，网络课程内容的建设与申报建设相互是独立的，但申报站点的展示则可以直接关联到网络课程。

4. 通过模板功能，老师可以极其方便地创建申报站点，只需要按照导航方式输入几个课程属性，一个个性化的申报站点便初具模型，剩下的工作就如同填写表格的方式把申报材料填充即可。

5. 系统提供了丰富的精品课程模板，老师可以随意选择自己喜欢的模板进行创建。同时，系统还提供了模板的建设功能，包括创建、修改功能。学校可以根据自己的需求，随意增加新的模板。使得精品课程具有较为一致的框架结构，包括课程的风格和内容框架。

6. 老师在根据模板创建精品课程申报站点后，还可以根据自己的需要个性化处理站点门户，任意调整门户中包含的内容，以突出重点。也可以方便地定制课程的栏目，调整布局、banner、背景等表现风格，以突出本课程的特色。

7. 申报站点的管理，如同网络课程的管理，作为负责人，可以授权其他老师一同参与建设。同时，作为上层领导，比如课程管理员，同样可以管理所有的精品课程申报站点，包括审核、观察、备份、删除等权限和职责。

二、精品课程评审

1. 精品课程建设平台还提供了评审的功能，提供了专家在线浏览精品课程的同时实现网上评审打分。

2. 根据国家的精品课程建设指标，系统管理员创建精品课程评审项目，其中包括多个精品课程以及指定评审专家。

3. 作为评审专家，在指定时间段内通过在线评审功能，按照评审指标逐项打分。

4. 系统管理员最后统计所有专家的分值加权平均得出精品课程最后的得分。

三、用户价值

为每个人提供一个校内传播信息的空间，让每个人都有展现自我风采和自己工作生活动态的机会。

方便和好友分享最近动态、分享身边好玩的事或好看的照片，加强人与人之间的互动交流，让大家联系得更紧密，工作氛围更和谐。

个人可以管理自己的工作安排，同时可以知晓和自己相关的工作安排，让工作更有条理，安排更合理。并可适时提醒，避免遗漏遗忘要做的事情。

可以随时和同事、同学通过站内信发送消息或文件，校内传递更快更安全。

（一）部门工作区

为学校每个部门提供一个交流协作的空间。

1. 公告

公告功能用于面向工作区成员发布信息，可用 Web 富文本编辑器编辑公告全文，可附加多媒体内容到公告中。工作区管理员可以在工作区中向所有成员发布通知，其他人可以查看并回复通知。并且可以以"站内信"或"邮件"的方式同时发送给成员。

2. 讨论

工作区的所有成员都可以发起讨论，也可以对别人的讨论发表自己的见解，工作区管理员可以把一些经典的讨论设为精华帖，也可以选择一些大家经常关注的帖子进行置顶，以方便大家阅读。

3．部门日程

工作区的日程会将工作区内的各类事件集中进行公开展现。所有成员均可在工作区创建日历事件。可以将项目安排、重大事件提醒等信息。

4．成员

可以查看所有成员的头像和联系信息，也可以链接访问成员的个人主页，以便加强成员之间的互相了解。工作区管理员可以对成员信息进行日常维护。

5．工作文件库

所有成员都可以自由创建文件夹或上传/下载文件，也可以将自己个人网盘中的文件复制到工作区给大家分享。以方便传阅和分享文件。提供对文件的目录索引、搜索、上传的功能以及分享和匿名分享功能。

6．部门咨询服务

内部成员或外部的人都可以针对该工作区的疑问提出咨询或投诉，管理员可以指定工作区内哪些人有权处理这些咨询，回复后会被提问者看到。管理员也可将咨询问题设置成 FAQ 供其他人参考。同时，在协同工作区外部还提供了面向用户的集中咨询区，并且当问题被错误投递时，可将问题转发到其他相关咨询区。

7．工作任务

可以按照里程碑将具体任务分配到人头并了解每个人的任务完

成情况。

8．工作日志

可以对成员的工作情况进行监督，实时了解成员在工作上的投入情况。

合作伙伴通讯录：提供合作伙伴单位或个人的联系信息管理。

（二）班级交流区

面向每个学生班级提供班级协作学习、生活和娱乐的网上空间，空间由班长和班委负责管理。

1．班级讨论版

班级的所有成员都可以发起讨论，也可以对别人的讨论发表自己的见解，班级管理员可以把一些经典的讨论设为精华帖，也可以选择一些大家经常关注的帖子进行置顶，以方便大家阅读。

2．班级相册

所有成员可以自由创建图档并上传照片，其他人可以对照片发表评论。

3．班级文件库

所有成员都可以自由创建文件夹或上传/下载文件，也可以将自己个人网盘中的文件复制到工作区给大家分享。以方便传阅和分享文件。提供对文件的目录索引、搜索、上传的功能以及分享和匿名分享功能。

4．班级通讯录

可以查看所有成员的头像和联系信息，也可以链接访问成员的个人主页，以便加强成员之间的互相了解。工作区管理员可以对成员信息进行日常维护。

（三） 课程交流区

为校内每门课程的老师和学生提供一个互动交流的空间。由老师和课代表共同管理。

1. 课程讨论版

工作区的所有成员都可以发起讨论，也可以对别人的讨论发表自己的见解，工作区管理员可以把一些经典的讨论设为精华帖，也可以选择一些大家经常关注的帖子进行置顶，以方便大家阅读。

2. 课程相册

所有成员可以自由创建图档并上传照片，其他人可以对照片发表评论。

3. 课程知识库 （WIKI）

成员可以围绕知识分类建立知识库，将系统知识和个人体会都纳入知识库中，以不断积累知识，不仅方便查阅，还可以为后来者留下丰富的知识资源。

4. 课程文件库

所有成员都可以自由创建文件夹或上传/下载文件，也可以将自己个人网盘中的文件复制到工作区给大家分享。以方便传阅和分享文件。提供对文件的目录索引、搜索、上传的功能以及分享和匿名分享功能。

5. 课程日历

为学生老师提供本门课程的上课安排信息。

6. 成员

可以查看所有成员的头像和联系信息，也可以链接访问成员的个人主页，以便加强成员之间的互相了解。工作区管理员可以对成员信息进行日常维护。

（四）社团交流区

为学生会、协会、兴趣小组等社团提供交流空间，方便志同道合的学生进行交流和学习。

1. 公告

公告功能用于面向工作区成员发布信息，可用 Web 富文本编辑器编辑公告全文，可附加多媒体内容到公告中。工作区管理员可以在工作区中向所有成员发布通知，其他人可以查看并回复通知。并且可以以"站内信"或"邮件"的方式同时发送给成员。

2. 讨论

工作区的所有成员都可以发起讨论，也可以对别人的讨论发表自己的见解，工作区管理员可以把一些经典的讨论设为精华帖，也可以选择一些大家经常关注的帖子进行置顶，以方便大家阅读。

3. 图档（相册）

所有成员可以自由创建图档并上传照片，其他人可以对照片发表评论。

4. 文件库

所有成员都可以自由创建文件夹或上传/下载文件，也可以将自己个人网盘中的文件复制到工作区给大家分享。以方便传阅和分享文件。提供对文件的目录索引、搜索、上传的功能以及分享和匿名分享功能。

5. 成员

可以查看所有成员的头像和联系信息，也可以链接访问成员的个人主页，以便加强成员之间的互相了解。工作区管理员可以对成员信息进行日常维护。

（五）班主任工作区

为校内所有班主任提供一个交流讨论的空间，方便大家了解学校政策和新闻，互相交流合作，探讨工作经验，交换心得体会。

1. 讨论

工作区的所有成员都可以发起讨论，也可以对别人的讨论发表自己的见解，工作区管理员可以把一些经典的讨论设为精华帖，也可以选择一些大家经常关注的帖子进行置顶，以方便大家阅读。

2. 图档（相册）

所有成员可以自由创建图档并上传照片，其他人可以对照片发表评论。

3. 文件库

所有成员都可以自由创建文件夹或上传/下载文件，也可以将自己个人网盘中的文件复制到工作区给大家分享。以方便传阅和分享文件。提供对文件的目录索引、搜索、上传的功能以及分享和匿名分享功能。

4. 成员

可以查看所有成员的头像和联系信息，也可以链接访问成员的个人主页，以便加强成员之间的互相了解。工作区管理员可以对成员信息进行日常维护。

（六）教研组工作区

为学校每个教研组提供一个沟通交流的协作空间。能够让教研组的工作过程文件沉淀下来，逐渐形成内部知识库。

1. 公告

公告功能用于面向工作区成员发布信息，可用 Web 富文本编辑器编辑公告全文，可附加多媒体内容到公告中。工作区管理员可以在工作区中向所有成员发布通知，其他人可以查看并回复通知。并且可以以"站内信"或"邮件"的方式同时发送给成员。

2. 讨论

工作区的所有成员都可以发起讨论，也可以对别人的讨论发表自己的见解，工作区管理员可以把一些经典的讨论设为精华帖，也可以选择一些大家经常关注的帖子进行置顶，以方便大家阅读。

3. 图档（相册）

所有成员可以自由创建图档并上传照片，其他人可以对照片发表评论。

4. 文件库

所有成员都可以自由创建文件夹或上传/下载文件，也可以将自己个人网盘中的文件复制到工作区给大家分享。以方便传阅和分享文件。提供对文件的目录索引、搜索、上传的功能以及分享和匿名分享功能。

5. 成员

可以查看所有成员的头像和联系信息，也可以链接访问成员的个人主页，以便加强成员之间的互相了解。工作区管理员可以对成员信息进行日常维护。

（七）班长俱乐部

为不同年级的班长提供一个沟通交流的空间。

1．公告

公告功能用于面向工作区成员发布信息，可用 Web 富文本编辑器编辑公告全文，可附加多媒体内容到公告中。工作区管理员可以在工作区中向所有成员发布通知，其他人可以查看并回复通知。并且可以以"站内信"或"邮件"的方式同时发送给成员。

2．讨论

工作区的所有成员都可以发起讨论，也可以对别人的讨论发表自己的见解，工作区管理员可以把一些经典的讨论设为精华帖，也可以选择一些大家经常关注的帖子进行置顶，以方便大家阅读。

3．图档（相册）

所有成员可以自由创建图档并上传照片，其他人可以对照片发表评论。

4．文件库

所有成员都可以自由创建文件夹或上传/下载文件，也可以将自己个人网盘中的文件复制到工作区给大家分享。以方便传阅和分享文件。提供对文件的目录索引、搜索、上传的功能以及分享和匿名分享功能。

5. 成员

可以查看所有成员的头像和联系信息，也可以链接访问成员的个人主页，以便加强成员之间的互相了解。工作区管理员可以对成员信息进行日常维护。

第8章　教务管理系统

教务管理系统本着高起点高标准、既适应当前又考虑未来发展的原则，具有界面友好、易于掌握、操作简单、功能齐全、安全可靠、运用广泛等特点。主要功能模块包括系统维护、学籍管理、师资管理、教学计划管理、智能排课、考试管理、选课管理、成绩管理、实践管理、教学质量评价、毕业生管理、体育管理等。

主要特点：一是智能化的资源调配。它使高校教学资源得到优化，教师、教室、实验室、时间等的高效调配和合理利用，解决了高校资源紧缺、多校区、院系多级管理状况下排课、排实验室、排考场难等问题。

二是周全的软件设计。随着学分制的教学改革，学院已试行了完全学分制，大部分高校正在由传统的学年制向学分制过渡，传统的教学管理软件已无法适应这一转变，本系统在设计时考虑了学年制、学年学分制、学分制以及过渡时期等不同阶段教学管理软件衔接的需求，从而解决了学院课程库、成绩库、学生库等的数据迁移问题。

三是规范化的教学资源管理。系统严格遵循教育部颁发的学籍学历规范和有关信息标准，课程代码、教师代码、学号等的编码规范高校管理，避免代码的重复等不合理现象的发生。

四是学分制管理思想的体现。教学管理信息系统针对国内高校推进学分制的情况，在软件上进行了区分，分为完全学分制版、学年学分制版，较好地体现了学分管理的基本思想：

第一，管理思想、理念上：学分制管理充分体现以人为本，以学生为中心，提高学生学习的自由化和个性化，学生可以自主选课程、自主选专业、自主选学习进程（上课时间）、自主选主讲教师。

第二，教学管理上：学分制管理以教学过程为主线管理，淡化行政班，在强化专业学生共性的基础上重视学生的个性化培养。

第三，学籍管理上：学分制的学籍管理关心获得学分或修读的课程，学生可以多次修读相同或不同的课程。

第四，收费管理上：学分制实现按学分收费为主。

一、学生注册

学生注册包括新生注册、老生注册、不在册学生管理。

新生注册：收费部分参见老生注册，先收费后注册

新生注册由教务处统一完成。首先将招生信息库导入学生信息临时库，根据招生代码表作相应的处理并按专业分行政班、编学号，最后将学生信息临时库中的数据转入学生基本信息库中。注册人员可以对报到新生的信息和学生基本信息表中的基本信息进行核对，如有出入，可以直接修改。新生凭通知单报到时，打印学生注册流程单及学生的密码，两者由虚线隔开，密码由学生自己保管。

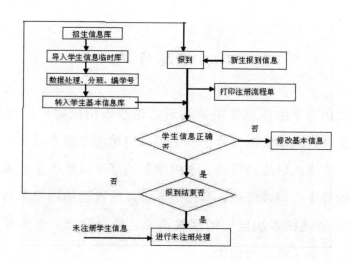

老生注册：由学生自行交费：学费，住宿费，重修费，辅修费，二专业费等。由计费系统记录收费情况，对于使用贷学金的学生软件中以虚拟已交费，软件中设置开关：当学生计费不足时，可以用此开关人工干预，究竟能否注册。

老生注册主要实现单个学生的注册，由各院系完成。系统列出了进入系统的院系教务员所在院系的所有学生，每个学生的信息项包括学号、姓名、专业、行政班及是否注册等信息，本模块不提供对学生基本信息的核对和修改功能。如果条件允许，可采用刷卡方式。

学生注册中的学籍管理：要求能反映专业现有学生数，历史有学生数，异动生数。

打印报表中均有：制表人代码，制表人姓名，制表时间等。

二、信息维护

主要用于学生信息的维护并可通过数码相机等外设或者 BMP 等图片文件加入学生的照片，学生信息包括学生基本信息、学生家庭信息、学生入学成绩信息。学生信息的修改只能由学生本人凭学生证在计算中心申请修改，学生个人可以凭自己的用户名和口令通过 Web 在备注栏添加自己的相关信息。学籍异动、学生奖惩、学生处分、社会工作进行记录。

查询、统计、打印：

统计全校各类（男女生等）学生人数，统计各专业学生人数，预计毕业的人数等信息并打印相应的报表。

信息查询/打印：根据多种条件查询学生基本信息表、学生家庭表、学籍异动表、学生奖惩表、学生处分表、学生社会工作表中的信息。并可将查询的结果输出到 Excel 或打印报表。

三、成绩管理

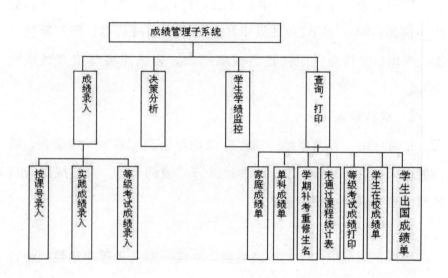

四、功能模块

（一）主要功能实现

学生成绩：以教师开课为重点。能自动产生补考名单，以及重修名单，和往年重修不及格的学生名单。

在软件中，学生学习成绩的几个阈值设置：

当前学期修读课程不到 n 学分；

当前学期修读课程超过 n 学分；

当前学期不及格课程学分 $\geqslant n$ 学分；

当前学期累计不及格课程学分 $\geqslant n$ 学分；

打印成绩：设置英文/中文开关；打印选择条件：能选择分数段（例如：70 分以上）；毕业审核，如果学生降级后，原不及格成绩，保留历史信息，但按最高成绩打印。要求能将等级考试成绩录入。

1．成绩录入

正考成绩、补考成绩、重修成绩均可由教师从 b/s 端录入，院系管理人员也可从 c/s 端协助教师进行成绩的录入。录完成绩可打印成绩登记表及成绩分析表。

2．决策分析（试卷分析）

提取正式成绩库中的成绩数据，生成一系列具有决策性的统计数据和图表供相关人员参考。

分析某课程－教师（即课号）的各分数段人数、及格人数、优秀人数以及优秀率、及格率等并配以相应的直方图或饼状图。

分析某课程的各分数段的人数、及格人数、不及格人数、优秀人数以及优秀率、及格率等并配以相应的直方图或饼状图。

按院系、专业、行政班统计各学生的已获学分数、总不及格学分数、仍不及格学分数、总学分绩、平均学分绩、课程平均分并进行排序。

3．学生学绩监控

对学生的学绩进行监控、提示学生按正常进度尚未完成的必修与限选课程已有不及格学分情况，促使学生调整学习进程。

4．查询/打印

家庭成绩单：根据专业或行政班打印学生个人学期成绩单。

单科成绩单：打印某课号学期的学生成绩单。

学期补考、重修生名单：可根据课号或院系或专业按学期打印重修学生名单。

未通过课程统计表、等级考试成绩打印。

学生在校成绩单：打印某个学生迄今为止所有的在校成绩单，课程按学年学期自动排序，学年学期动态写入，即写完前一学期后先写学年－学期，然后再写该学期课程。（可选择是否打印最高成绩、首次成绩、选修课不及格不显示等）。

（二）教学任务

教学任务管理是每学期执行教学任务的管理，包括教学任务的创建、下达，教学任务调整，教师安排、教材选用，统计报表。

要求任务到班级，任务安排：软件由专业方向、开课部门落实到教师。下任务要求到学生所在系，再落实到教师；按班级下任务；合班课开课由部门定，而教务处有修改权限。

教学任务表的数据项有：专业代码、专业名称、年级、学年、学期、课程代码、课程中文名称、学分、周课时、课程性质、课程类别、人数、开课院系、开课系、任课教师编号、任课教师姓名、选课课号、分组标识、选用教材（教材统一征订号、教材名称、作者、出版社、版别、是否优秀教材）、特殊场地标识（多媒体）、任务下发标识、可拆分教学班数上限、可拆分教学班数下限、可拆分教学班数。

对教学任务管理要设计出创建、增加、删除、修改、下发教学任务、拆分教学班、关闭教学任务调整等功能。

对拆分好的教学班可以安排到开课系，并安排任课教师，每安排一个教学班的任课教师，系统便自动产生该教学班的选课课号，选课课号由4部分组成：学年学期+课程代码+职工号+序号，同一教师任同一门课程的多个教学班，选课课号由序号来区分。对每个教学班的使用教材进行安排，以便教材中心根据选课后学生需要教材的情况进行教材征订。

对于场地有要求的要进行标识。

（三）排课、教学资源

1. 排课功能图

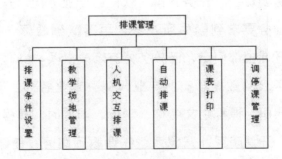

2. 排课流程图

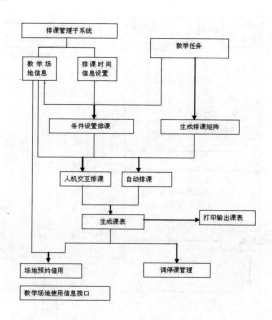

五、教材管理

教材管理功能图：

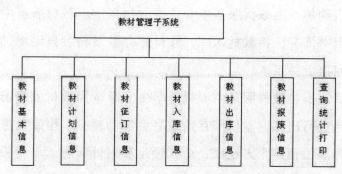

教材管理流程图：

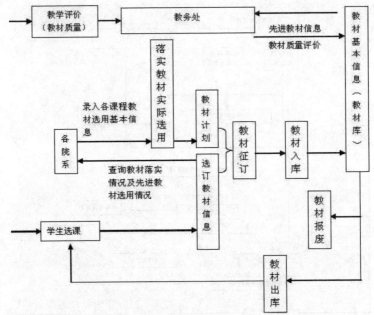

教材基本信息管理即教材库存管理，对于先进教材基本信息可以由教材建设办公室录入，教材质量评价也在此体现。

由各院系或任课教师录入各课程教材选用基本信息，由教材服务中心统一落实课程教材的实际选用情况。

然后由教材服务中心根据学生实际选用教材情况与库存情况生成教材订购单，由教材服务中心负责教材采购。教材服务中心根据实际的到书情况，将教材入库，教材库存数量将会自动增加，并且与教材库接上关系。

最后还是由教材服务中心根据学生实际选用教材的情况及教材库存信息进行出库，教材库存数量将会自动减少。出库的形式有以行政班为单位领用个人记账、个人领用和对外零售、教材领用，而对于一些报废教材也是由教材服务中心处理。

查询统计打印需要做到能够查询到书情况及统计、查询库存及统计、学生教材领用清单查询和统计、学生教材费使用情况查询和统计、教师领用教材查询和统计、教材进出收支及差价查询和统计。

学生根据自己选用教材及领用教材的情况通过 Web 形式可以进行查询统计。

六、课堂教学质量管理

1. 系统功能模块

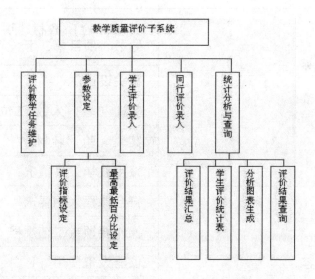

课堂教学质量评价指标：

课程分类：理论、实践，类别可以由学院自定义。

评价指标：分为一级指标、二级指标，具体指标可以由学院自定义。

指标的各项权重可以由学院自定义。

实践教学质量评测	
一级指标	二级指标
素质训导	安全教育
	质量意识教育
	统一着装
	管理学员工作纪律
	整理工作现场
实验准备	实训（验）教材、讲义或指导书、项目单、卡
	教案设计
	实训（验）人数/工位数
	实训（验）耗材
	采用教学工具情况
教学内容	符合课程大纲要求
	操作要领或工艺规程
	仪器设备使用
	反映本专业新技术、新动态情况
	双语教学

实践教学质量评测	
一级指标	二级指标
教学能力	职业资格证书
	实验（训）故障处理能力
	动手操作能力
教学方法	示范操作
	教学语言
	条理、层次
	教学重点
	运用启发式实践教学方法
	讲、练结合
	改革传统实践教学方法（加分）
教学组织	教学环节
	课堂秩序
教学态度	遵纪守时
	严谨程度
	指导学生操作
教学效果	完成实训（验）项目情况
	通过实训（验）掌握知识情况
	通过实训（验）操作技能情况
	分析和解决实际问题方面

理论教学质量评测	
一级指标	二级指标
素质训导	管理学生课堂纪律情况
	根据岗位素质要求，针对学生中的问题及时纠正，严格要求情况
	教师为人师表情况
教材使用	高职教育的教材或讲义
	教材使用年限
备课教案	教案编写
	教案设计
	教案使用年限
教学内容	教学内容提炼、加工
	内容深浅度
	高职特色
	信息量
	反映本专业新技术、新动态情况
	双语教学
	教学进度
教学手段	采用教学手段
	使用效果

理论教学质量评测	
一级指标	二级指标
教学方法	教学语言
	条理、层次
	教学重点
	运用启发式教学方法
	讲、练结合
教学组织	教学环节
	教学互动
	课堂气氛、秩序
教学效果	本次课教学目标、要求达到情况
	学生参与教学活动情况
	学生反应
加分项目	创新教育
	改革教学方法成效显著
	大班上课

第9章　学生工作管理信息系统

　　学生工作管理信息系统面向学生处、院系思政教师、学生学业导师和全体学生，包括系统维护、思想教育管理、评奖评优管理、对外交流管理、学生资助管理、勤工助学管理、心理健康管理、军训管理、违纪处分管理、学籍管理、就业管理、其他数据管理、日常事务管理、公寓管理、思政队伍管理、社会工作管理等子系统。系统支持学生工作管理部门、工作人员和全校学生通过网络发送和接收有关信息，开展在线的业务处理，支持按权限管理的各种申请、查询和统计报表的输出打印功能。系统总体功能模块图如下：

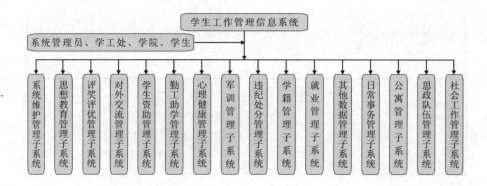

一、思想教育管理

思想教育管理包括培训信息、思想汇报、入党积极分子、预备党员、党员和数据查询统计分析等功能。

数据流程：

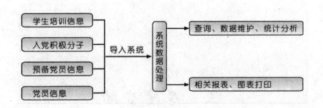

二、评奖评优

评奖评优管理包括评奖评优基本参数设置、奖学金申请、荣誉称号申请、奖学金荣誉称号审核、一些信息维护、查询统计分析等功能。

数据流程：

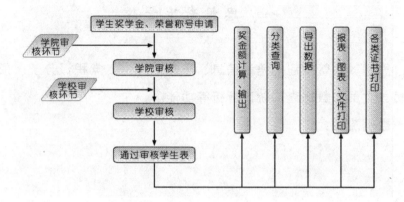

三、学生资助

学生资助管理包括资助项目、比例、额度等参数的设置、学生从网上申请（困难生、困难补助、学院贷学金、助学金）、院系学生处审核、其他一些资助项目维护及查询统计分析。

学生网上申请。

困难补助和资助的证明材料递交和审核。

分级审核。

困难生、困难补助流程：

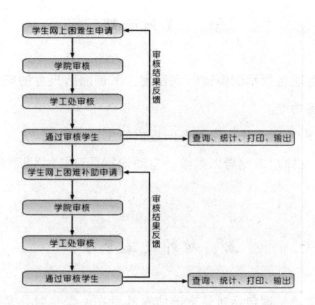

学院贷学金流程：

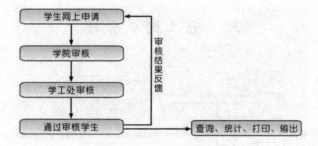

四、军训管理

军训管理包括军训申请时间设定、军训服装尺寸的申请、军训获奖管理等功能。

1. 与医务所合作，由医务所提供新生体检数据。
2. 学生体检数据导入系统，自动识别是可参加军训学生。

五、对外交流管理

对外交流管理包括对外交流信息的发布、学生对外交流项目申请、院系学生处对交流项目审核、查询统计分析等功能。

六、勤工助学管理

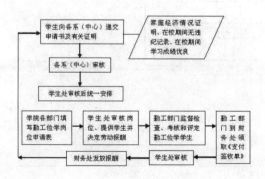

七、心理健康管理

心理健康管理包括学生心理健康测试结果的维护、各种结果的查询统计分析。

心理测试

1. 反映原有心理测试系统的测试结果。

2. 心理咨询师的预约。

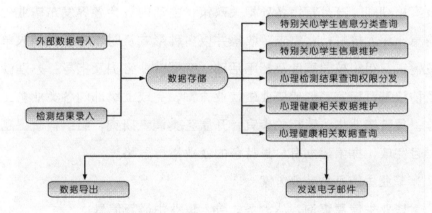

八、违纪处分管理

违纪处分管理包括违纪处分信息维护及查询统计分析等功能。

九、就业管理

就业办公室完成学生毕业和就业的相关工作，内容包括：根据国家各项方针、政策以及学院有关要求，制定毕业生就业工作意见及实施细则，充分宣传各项相关政策；主动向社会各界发布毕业生信息，深入挖掘社会需求，收集并以多种形式及时发布各类用人单位需求；组织校园宣传及招聘活动；开展就业咨询及指导；办理就业协议签订事宜，形成毕业生就业方案，完成上级部门各类业务工作；负责毕业生派遣相关事宜；开展各类调查研究，组织科研课题项目完成，探索建立有自身特色的就业指导思路。

毕业生信息与就业方案

毕业生信息查询，从教务处导入毕业生最新信息；

就业方案上报；

就业方案是就业工作的重点和工作成绩的真实反映。所有数据均可按权限进行修改、增减、删除，可按照标志位进行各种分类统计处理。

就业协议录入。学生在网上填写就业协议书（要求学生一次性录入，之后不能自己修改，就业协议书的填写根据就业情况不同进行填写）。

就业协议审核。只有通过审核，毕业生才能持协议书至校就业指导中心鉴证，若学生输入有误，必须有自动提醒功能，通过审核后毕业生可至校就业指导中心鉴证协议书（学院审核加学院审核，其中学院审核默认显示学院审核信息）。

协议书修改。如果协议书已经审核通过了，而此时学生的信息发生变化，那么需要由校就业中心修改协议书，此时需要记下每次修改的日志。

毁约处理。如果学生或单位发生毁约情况，学生需要来校就业中心将协议书作废后，才能填写新的协议书，由校就业中心修改协议书，此时需要记下每次修改的日志。

毕业去向录入。对于没有签订就业协议书的学生，同样需要填写毕业去向信息。（隐性就业、升学、出国、灵活就业、自主创业、国家项目等）学院及时录入，数据统计表及时动态更新、生成排行榜等各类榜单，与数据统计版块数据关联。

第10章 职业技能培训网络平台建设

通过信息化技术手段，建立科学、高效、合理的信息平台和信息化工作体系，为社会提供高质量的培训与鉴定服务工作，促进职业技能鉴定工作的发展。信息化工作框架由以下3个部分组成：

1. 公众信息平台

直接面向社会公众，提供鉴定公告、工作动态、证书查询等功能，具有方便快捷、覆盖面广、时效性强和贴近群众需求等特点，是职业技能鉴定工作的社会公众服务系统。

2. 资源信息平台

主要为鉴定工作系统提供服务，也面向公众开放。依托互联网，提供职业分类和职业标准发布、题库管理、考评人员和督导人员管理、鉴定机构管理、鉴定信息管理、鉴定成绩管理、证书数据管理、政策文件管理等功能，实现系统内全方位的信息资源实时共享。资源管理平台是鉴定工作的管理信息化系统，通过搭建服务鉴定机构和服务群众的双向服务体系，形成为决策服务的参谋机制和为群众服务的信息传导机制。

3. 工作网平台

遵循统一规划、统一标准、统一组织、统一实施的原则，建立覆盖中山及周边地区的职业技能鉴定及相关工作领域的工作网络系统。采用分级管理的原则，运行于互联网上的远程在线协同工作系统，涵盖国家题库、考务管理、信息统计等业务领域，构建和完善实时互动、公正高效、可持续发展的职业技能鉴定工作平台。

一、校园门户网站及网站群

校园网站是学校对外宣传的重要窗口，是教育教学和学生活动实践的重要依托，是校园文化建设的重要阵地，是加强思想品德和职业道德教育的重要载体，是服务师生和社会的重要平台，是学校文化软实力的重要体现。

二、高校网站建设现状

（一）各院系、部门之间缺乏统一接口和标准

各院系、职能机构在信息化建设方面各自为战，采用的软件系统不一致、数据标准不统一，并且分布在各个相对独立的服务器中，导致了校内资源浪费严重，网站信息维护困难，技术要求高。

（二）信息缺乏有效的共享和管理

各院系网站之间、网站和应用系统之间难以进行数据交换，形成彼此独立的信息孤岛。随着校内网上资源的日益丰富，难以实现

更高层次的信息处理，最大化地挖掘资源的价值。同时，由于信息不能够进行有效的共享和管理，也在一定程度上影响了学校网络系统的运行效率。

部分高校已经意识到了信息缺乏有效的共享和管理的现象，想统一整合到校园门户上来，却发现每个系统的标准和接口都不相同，资源整合和应用集成存在相当大的难度。

（三）应用系统缺乏有效集成

由于各应用系统间也缺乏集成，使得各应用系统之间无法直接访问相互间的数据和功能，经常需要人为的处理，如数据交换。

（四）系统升级更新维护成本高

各部处与院系之间具有相对独立性。不同应用系统在不同时期由不同的人员开发，个体差异很大。系统更新和升级的成本太高，对技术的依赖程度也越来越大。

（五）对IT技术的发展缺乏充分的了解

高校信息化的本质，简单地说就是以IT技术支持高校教学、科研与管理的发展。要做好高校信息化的总体规划，必须充分了解IT技术的发展趋势，使用成熟、先进而又可持续发展的技术来实施高校的信息化。

（六）缺乏检索途径

真正在高校各院系、部门之间实现信息检索功能的很少。要在

一个高校网站内可以分词快速检索出一篇文章或者最新消息，实在
是难上加难。

（七）网站建设资源重复，成本增加

各大高校网站一般由学校门户网站和各二级学院、系网站以及
部分科室网站构成，如果各二级学院都有自己的网络信息中心，那
么，为了建立各部门的信息职能机构，都要分别购买或者升级网站
服务器，开发应用等，虽然单个费用不高，但是总体费用不低。

（八）软硬件环境及其标准不统一

由于分开建设管理，各个院系的信息化建设部门各自为政，采
用的软件系统不一致，数据标准不统一。有的购买市场上低价的产
品，有的采用免费的产品，有的组织学生自行开发等等，导致校内
大量的低水平重复建设，严重浪费了有限的信息化建设资金。

（九）网站间无统一安全机制

各个独立的院系网站如果没有统一整合，则无统一的安全保障
机制，所以网站运行存在着很大的安全隐患。

综上所述，从现状中分析本质，目前高校网站建设方面重点是
要解决：各二级院系网站之间相互独立以及与学校信息门户网站的
信息共享互通问题；建设网站方面的规划和标准统一问题；只有这
样，才能充分发挥校园网站的作用，为未来更深层次的应用打好
基础。

三、解决方案建议

（一）建立以门户网站为核心的网站群体系，而不仅仅是建设一群网站

通过网站群系统，能够为高校网站群的建设提供一个长期的解决方案，确保高校以后遇到网站新建、改版以及统一管理的需求，可以轻松、方便地解决，而不仅仅只是完成一群网站的建设。

以下为两者对比：

高校独立的一群网站	鼎义内容管理系统网站群体系
没有规范的标准，信息报送和发布不及时、不准确、容易丢失	统一规划，建立在一个软件平台之上，实现集中管理、分布式维护
没有严格的权限管理机制，不能保障信息安全和充分的信息共享	严格的分级权限管理机制，保证信息共享和信息安全
系统孤立，管理难度大，投入成本高	统一规划，投入成本低
信息孤岛，分类不合理，信息利用率低	信息资源统一存储，统一分类，充分挖掘和利用

（二）需要针对内容管理系统业务流程和结构有深入分析和应用接口规划

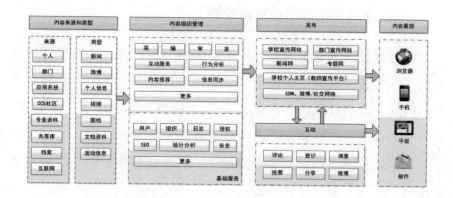

需要对内容的来源、类型、组织管理、发布与终端展示整个业务流程和结构有深入的分析设计和规划，基于实际应用特点选购网站群内容管理系统产品并组织实施。

（三）需要足够支持网站的个性化和独立扩展需求

采用网站群产品构建网站，要解决好网站个性化和独立扩展的实际需求，只有符合这样基础架构的软件产品才能在未来实际应用中满足各种需求，以及未来增长或变化的扩展需求。

（四）构架高校垂直体系的网站群体系

构建高校从上至下覆盖各院系各部门的垂直的门户网站群体系，网站有多级结构关系，基于统一的信息体系，实现分级授权、统一管理的功能。各网站可以有独立的页面展现和管理后台，同时网站之间信息又可以相互共享。信息共享能基于上下级关系有一定的机制，如上级站点可直接抓取下级站点信息，下级站点可向上级或平级站点推送信息等。

（五）合理科学的网站建设投资

针对建设资源重复购置，成本增加的问题，鼎义内容管理系统提供了一个统一的网站建设及管理的平台，在此之上，可同时建立多个网站，这样只需一套产品及软硬件投资，便实现了集中部署，避免了各自进行网站建设投资的盲目性与重复性；实现"主站＋子站"的应用模式，可以对多个网站进行分布式管理，避免了重复建设投资，降低了管理维护成本。

（六）建立一个具有高校特征，符合高校信息化建设发展的资源整合平台

内容管理信息平台不仅仅可以实现多个网站的建设，也能够成为学校外网的资源整合平台。随着应用需求的不断增加，能够基于平台并针对高校特征，扩展一系列的应用，如校友、招生、就业等，也能够与学校已有或将要建设的各类应用系统集成。要能够与学校数字化校园的规划相一致。如统一身份认证集成、界面集成及数据信息的交换。

（七）网站建设中软硬件标准的统一

各个院系二级网站建设中，出现的各自为政，或购买或自己开发软件系统，数据库也不一样，导致的直接结果便是各网站技术标准不一致，软件环境不一致。整个校园网站技术体系显得较乱；而

更严重的是，由于各个网站采用软硬件环境不同，将非常不利于将来网站系统的升级，扩展，系统的稳定性和兼容性也难于保障；难于实现同其他院校业务系统进行高度集成，使得整个校园信息化体系始终存在建设盲点。

在此情况下，一套鼎义内容管理系统可以建立管理多个网站，那么技术标准首先便统一了。并且系统采用了 J2EE 技术架构，提供基于 Web Services 的标准应用服务接口，可以轻松对接和集成其他应用系统，系统提供对外应用接口，并提供接口规范。用户能够通过系统对外应用接口与其他系统无缝集成或定制开发新的业务功能。这使得将来网站群在扩展方面有着独到的优势。因为系统整体采用了先进的 J2EE 架构，这使得整体网站群系统在搭建时，最大程度上节省了投资。

（八）网站间的数据共享与交互

主站和子站之间以及子站与子站之间的数据共享与交互，是鼎义内容管理系统中的最大的亮点，彻底解决了原有网站间的割裂局面，将各个网站真正的调动起来，形成一个互动的整体。这是校园网站建设的趋势，也是真正发挥网站建设效益的最好体现。

1. 主站与各个子站面对的是统一的网站群平台，彼此逻辑上相互独立；

2. 在信息共享和交互方面，主站与子站又整个统一，数据可以高度共享和交互。

3. 系统支持信息抓取，采用符合 RSS（新闻内容聚合）的方式抓取其他网站的信息发布在自己网站上，这当然也包括了网站群间的相互信息抓取。

鼎义内容管理系统在与其他业务系统进行集成后，也可从业务系统的数据库中提取信息，发布在网上，这也提供了数据共享交互的一种方式。

鼎义内容管理系统系统，采用了合理科学的结构及技术，彻底解决了原有网站的割裂情况，将"信息孤岛"建设成一个统一的整体的"信息桥梁"。

（九）统一的安全体系

信息安全体系在网站群建设方案中是非常重要的一个环节，安全保密实现的目标是保证各个网站数据安全、运行稳定、不易被破坏、系统可监测、并且可恢复，在数据共享于传输中保障数据的安全。

（十）网站内容管理

针对于多个网站管理的复杂问题，只需要一套鼎义内容管理系统就都可满足所有站点的部署，站群管理员进行站点的创建，为各站点进行系统管理员的创建和权限的分配。各个子站管理员独立维护自己的网站，进行信息的发布、修改、删除，以及和其他站点之间的资源，也可新建子站点。同时，子站管理员还可以在该站点下再设立二级管理员并分配权限，做到层层细分，多角色协同工作。

将应用分布到多个子站点，由各个分散的站点共同来承担整个站点的访问请求，这样即使其中个别子站点发生问题，也不会影响其余站点的使用，有助于整个系统的稳定；在整个站点群中，用户可使用统一的身份（权限）访问不同的应用。

采用网站群技术可以集中部署，分布管理，只需投入一套系统就可以满足整个组织的网站群建设，具有投资小，统一管理，维护方便，易于扩充的特点。

第 11 章　体育运动网络管理系统

体育运动网络管理系统包括：基本信息子系统；体育项目子系统；体育竞赛子系统；运动会子系统；系统管理子系统。使用此系统，便于上课方便也可使用移动办公网络。

一、移动办公

移动办公是面向以校长办公室、业务处室为主体，涵盖各院系主要行政办公人员在内的，以办工事务为核心的行政事务协作系统。移动办公让用户实现随时随地的工作流转、公文审批、公文查询、查找通讯录、收发邮件等，极大地提高了办公效率，有较好的应用价值。

（一）移动批文

领导查询待审批/待审核公文，部门领导审核、跨部门会签、意见反馈、审稿、签发、编号、成文、印发、校对、归档、查询等功能，其中管理员可以定制文件流转过程，系统按照预先定义的工作流程进行流转，系统提供严密的授权管理，保证文件不被未授权的用户处理和查看，实现对文档传递过程中有效的实时监控，保证文件网上流转准确。通过手机立即进行实时批复，从而保证各项工作及时开展。

收文办理：供主办部门和协办部门相关人员填写办理意见。

收文传阅：接收人可以将收到的收文传阅给本部门的相关人员。

意见查阅：流转过程中涉及的用户都可以查阅文件处理过程中别人签署的意见。

签署意见：各单位、部门职员没有签署意见的权限，校领导、学校办公室主任、各单位、部门负责人等相关环节有签署意见的权限。

移动批文　　审批意见　　移动批文手写签名

（二）一周安排

每位办公人员都可以进行个人日程的安排、提醒和查询每天的工作日程安排。一周安排表单的字段有（标题、地点、起始日期、开始时间、结束日期、结束时间、日程内容、备注）

当天安排：用户可以查看当天日程安排情况。

本周剩余安排：本周剩余安排数量，查看本周剩余的日程安排情况。

所有会议：用户可以根据一个星期7天来查看日程的安排。且用户点击所有会议后默认显本周所有会议，通过左右滑动可以查看上一周和下一周的安排情况。

日程提醒：用户查看详情后可以对该日程进行备注，在安排日期之前提醒自己。

一周安排　　详情

（三）会议申请

会议申请用于提供会议的申请、审批、查询等；主要由单位、部门提交会议申请给相关校领导进行审批，并通知相关与会人员。

会议申请单的内容包括：申请人、申请部门、会议时间（包括会议开始和结束时间）、会议地点、参加人员/部门、会议主要内容、设备需求。

起草会议申请：部门工作人员填写会议申请相关信息；同时按

照预先定义的流程进行发送。

流程查阅：文件流转过程中涉及的用户都可以查阅文件处理过程中相关人签署的意见。

会议申请列表　　申请会议

（四）文件传阅

文件传阅是对已办结的发文文件转发给其他部门阅办处理，并填写处理意见的过程。

发文传阅的来源主要有两个部分：

1. 通过发文管理模块流转结束后自动生成；此时将自动产生发文传阅表单中的基本信息。发文管理中的流转意见信息在发文传阅模块中不可见。

2. 通过发文模块管理员直接登记产生。

发文传阅的功能组成如下（标蓝色字体加粗表示只有发文系统管理员具有操作权限）：

①文件登记：模块管理员直接登记文稿信息。

②意见查阅：流转过程中涉及的用户都可以查阅文件处理过程中别人签署的意见。

③签署意见：发文传阅转办的用户有签署意见的权限。

（五）工作授权

当用户因公务出差或其他原因不能办理自己的公务时，可以授权其他用户临时办理自己必须及时处理的事务。功能包括：公务授权、授权收回（手工和自动）等。当用户进行授权管理时，所有流程引擎发过来的文件，将自动转交给被授权人进行处理，同时有明显的标记表明。

工作授权表单的字段有（授权人、授权模块、被授权人、开始日期、截止日期）。

工作授权的功能包括：

公务授权：用户可以创建授权，让其他用户临时代办自己的事务。

授权收回：用户可以删除自己的授权。对于已到期的授权，系统将自动终止授权。

工作授权　　设置授权

二、移动教务

移动教务是为在校师生提供的，集教与学环节于一体的综合移动应用。移动教务通过移动终端的便捷、即时性，为师生提供便捷、高效的教学与学习环境。

（一）教学信息

教学信息应用为教师提供课程查看、行政班课程进度监控、及上课时间地点提醒功能。

班级进度

班级进度功能包括查看上课时间、地点、课程名称及课程进度，同时还为任课教师提供了添加备注功能，方便任课教师记录课程实施过程中遇到的问题及最终结果。示意图如下：

一周课程

一周课程查询为教师提供查看指定教学周内各门课程的的教学信息，如课程名称、上课时间、地点、行政班、课程进度查询。

（二）评教查询

评教查询应用为教辅人员提供了快捷查看评教结果的功能。

评教查询

评教查询功能为教辅人员提供了查看学生、同行、领导三类评教主体为不同的评价指标所评出的分值以及所任课程的汇总评分。

（三）监考安排

监考安排应用为监考人员提供查看当期监考相关信息的功能，如：校区、考试时间、考试科目、考场地点、监考老师。示意图如下：

（四）课程表

课程表应用为学生提供查看当前学期课表的功能，包括：上课节次、地点、任课老师、课程名称以及所在校区。示意图如下：

（五）考试安排

考试安排应用为学生提供了查看考试相关信息的功能，包括：考场地点、考试科目、考试时间、监考老师以及所在校区。

（六）考试成绩

考试成绩查询应用为学生提供查看在校期间的所有科目的成绩，包括：具体考试所在的学期（学年）、考试科目、科目代码、具体分数以及该科目对应的学分。示意图如下：

（七）评辅评教

评辅评教应用为在校学生提供了对所有任课教师及辅导员进行

教学效果评分的途径。学生可对评教对像参照各评价指标进行评分，也可以发表个人对该评教对象的意见及建议。示意图如下：

（八）图书查询

图书查询应用可为在校师生提供查看在借的图书信息、超期欠书和欠费提示、在线搜索图书馆中的图书信息。

图书查询

输入需要查询的书名、作者或出版社，可以查看所查对象是否可借。

示意图如下：

（九）成绩统计分析

成绩统计分析应用可为辅导员、教学秘书、教务人员提供查看课程不及格率、行政班成绩分布情况。

课程不及格率统计

统计各院系某门课程的不及格情况包括具体的不及格人员，还可进行历年的不及格率比较。

成绩分布统计

统计各行政班某门课程的成绩分布情况。

综合评价

综合评价为学生提供了查看老师针对综合德育评估、学期测评等给予的评价。

综合评价查询

学生可以方便地查看自己的综合评价详情，包括评价日期、评价内容、得分及评语。

评语推送

教师给学生发送的评语，可以同时短信推送给家长，帮助其更好地了解子女在校情况。

三、移动德育考核

班主任、任课老师可以随时随地通过智能手机或平板电脑收集完成数据输入和信息采集工作，如课堂点到情况、纪律检查情况、宿舍违纪情况等。

（一）移动学习

依托无线移动网络、国际互联网，以及多媒体技术，学生和教师通过利用便捷的移动终端设备，开展互动教学活动。移动学习通过移动终端的便捷、即时性，为师生提供便捷、高效的教学与学习环境。

（二）作业、考试

教师浏览查看已发布的作业、考试，查看学生提交作业、考试情况。

学生浏览查看教师发布的作业、考试以及批阅情况等。

（三）课件浏览

进入课件浏览相关视频、图片或网页内容。

（四）错题集查看

学生查看自己的错题本。

（五）课堂讨论

浏览并参与相关话题讨论。

（六）成绩册

教师浏览查看成绩册相关内容。
学生查看各科教师发布的成绩报表。

（七）学习数据统计

提供学习统计数据的查询和导出功能。教师可以分析所教授课程的各种情况，包括登录次数、在线时长、学习进度、讨论参与情况、作业和考试完成情况。

学生可以查看或导出个人学习统计的数据。统计数据包括登录次数、在线时长、学习进度、讨论参与情况、作业和考试完成情况。

（八）资源点播

可以浏览音视频、图片、文本等多种格式的资源文件。

（九）资源收藏

用户在浏览资源时，可将感兴趣的资源收藏到资源收藏夹中，根据自己的需要对收藏资源进行分类管理。

（十）资源评价

给资源进行星级评定，提出相关观后意见或建议。

四、移动校园社区

（一）动态

个人动态功能是自动发布用户行为的服务，将用户在平台中的活动信息进行了汇聚。

动态类型及其发布权限：动态分为个人动态、讨论组动态两大类。个人动态信息发布在个人主页中，用户个人的好友也可以在其好友动态列表中汇聚查看。讨论组动态仅在组成员间推送。

个人动态列表：按动态创建时间倒序显示所有个人动态信息，如上传照片、参与讨论或评论、添加好友等活动。这些动态信息会被允许范围内的人员看到。个人动态分为用户动态和好友动态。

讨论组动态列表：按动态创建时间倒序排列所关注讨论组动态信息，包括管理员发布公告，组成员发布讨论主题、参与讨论，上传或下载了共享文件等。

（二）讨论

最新讨论：按最后更新时间倒序列出关注的所有讨论组的最新讨论，在一个界面中便可查看到各组新讨论主题、已有主题的新回复，了解各组近期讨论焦点或新观点，并可参与讨论或发布新主题。

我参与的讨论：提取整合了用户发布或参与过的讨论，方便查看其他成员对这个主题的进一步探讨，可以继续参与到讨论中去。

（三）消息中心

消息中心将各类消息集中在一处进行展现，用户可以一目了然地看到与自己相关的消息。目前可集成的消息分为公告与站内信。

公告：各关注组最新发布的站内公告，点击即可查看详情。

站内信：用户之间相互联系的渠道，可选择联系人发送站内信。点击某一站内信，则在该信件主题下以对话形式展示来往内容，可直接回复。

（四）相册

集合了好友、讨论组或自己的相册与照片，按更新时间倒序排列，便于选取查看，并可拍照或从本地上传图片至有编辑权限的相册。

查看照片：全屏查看相册内照片，可以缩放查看整体与局部，也可以将喜欢的照片保存至本地。

上传照片：提供拍照或从本地上传图片的选择，可自行添加描述，与其他用户分享照片、美图。这些也将在好友或讨论组的动态中展示。

（五）好友

分类列表显示用户头像和姓名，方便用户管理社区人员关系。用户通过握手（邀请与确认）形式建立好友关系。成为好友后，该好友动态显示在用户"动态"栏目中。

我的好友：管理好友列表，可查看好友主页、移除好友关系。

邀请提示：处理所有发出、收到的好友邀请或查看邀请人主页。

添加好友：搜索、选择，向其他用户发出好友邀请。

（六）讨论组

列表显示讨论组头像和名称，按权限分为公开组、半公开组、私密组。公开组可自行加入或退出；半公开组提交加入申请后需待管理员审核；私密组的加入则须获得邀请。在讨论组详情中，用户可以选择加入或退出该组，加入后默认关注该讨论组动态，并可以进行组内讨论、向成员发布照片等活动。

我的讨论组：管理、查看用户已经加入的讨论组，方便用户在不同的组之间选择。

添加讨论组：搜索、选择，加入感兴趣的讨论组。

（七）讨论组详情

在讨论组详情中，用户可以选择加入或退出该组。加入后默认关注该讨论组动态，并可查看组成员、参与组内讨论、在组相册中分享照片等。提供给具有相似背景或兴趣的用户一起参与感兴趣的社区活动。

公告：公告功能用于面向组内成员发布公告与通知信息。按最后更新时间倒序显示该组所有的公告。

讨论：按最后更新时间倒序显示该组所有讨论主题。讨论组的所有成员都可以发起讨论，也可以对别人的讨论主题发表自己的见解。

成员：显示所有组成员的头像和姓名，用户可以访问至成员的个人主页，加强组成员之间的沟通了解。

相册：组活动的照片会在这里分享给成员。所有组成员可浏览该组相册照片，也可拍照或从本地上传照片至组相册。

（八）个人主页

个人主页是展示个人社区活动的空间，它是用户允许发布的所有个人动态、信息的聚合。通过访问个人主页，可以了解一个用户的个人资料，他在社区平台上的社交状况，以及发布分享的资源。

进入其他用户主页，可向该用户发送站内信，或进行添加/移除好友的操作。

五、一卡通系统

（一）用户价值

"一卡通"要实现的最终目标是，在全校的学生和教职工中全面使用手机卡代替学生证、工作证、身份证、借书证、医疗证、乘车证、就餐卡、银行卡等全部证件、现金、票据，并在校园一卡通平台基础上通过数字化校园与学校其他信息系统相衔接，形成完整的"校园一卡通"系统，促进校园信息化管理水平的提高。

在进行"一卡通"系统建设时，需要遵循行业标准，实现

"电子钱包"和"电子证件"，建立财务金融结算管理数据中心与身份服务管理中心，提供一个既立足现实又兼顾发展，起点高、标准化程度高、性价比高的系统，实现学校管理信息化及可持续发展，做到"架构合理、功能完备、扩展方便、高效稳定"。

（二）建设内容

身份管理：校园卡可以代替目前所使用的学生证、工作证、借书证、食堂就餐卡、乘车卡等各种证件，起到以卡代证的作用。电子标签应用于需要身份验证的场所，如：食堂、图书馆、校门、办公楼、校医院、机房等。

电子消费：校园卡可作为电子钱包使用，持卡人可以在校内的任意消费网点以卡代币进行消费结算。应用于校园的各个消费场所，如：食堂、浴室控水、开水房控水、体育场馆、商业街、图书馆、机房、电子阅览室、班车等。

资金统管：通过一卡通各应用子系统的建设，实现南京信息职业技术学院师生员工学杂费、生活补贴费、一卡通资金账户等各类资金由财务统一管理；通过校园卡与银行卡关联配合使用，一卡通系统直接与银行系统对接，实现自助圈存、异地（校区）圈存、校内代缴代扣、消费查询、挂失补卡等财务结算功能。杜绝原有系统财务账务不平、圈存不稳定等问题。

信息共享：通过数字化校园实现一卡通系统与学校的教学、科研、学籍、奖贷、人事、财务、医疗等各部门的管理信息系统对接，实现各类信息共享、查询统计、分析，为学校领导科学决策提供真实可靠的依据。

与数字化校园结合：一卡通各管理系统依赖的师生身份数据，管理数据，需要依赖全校统一的数据管理中心，对这些数据的访问需要依赖全校统一的身份认证平台进行群组分类与授权，对数据及应用服务的展现依赖统一的信息发布平台集中展示。通过一卡通系统与数字化校园的融合，可以实现统一身份管理、统一授权管理、统一信息发布、流程整合及信息高度集中共享。

通过我校数字化校园项目建设，逐步建立健全院校一卡通管理服务制度，并培养一批高素质的服务队伍，为院校师生员工提供全方位、立体式的人性化服务。

第 12 章 迎评管理系统

　　学院的人才培养对教学手段和管理方法提出了迫切要求，为了配合各级高校教学水平评估工作的推进和实施，提高学院评估过程的信息化和科学化，开发迎评管理系统，可促进学院的自我完善，不断提高人才培养的水平和质量，促进学院教学的持续健康发展。

　　系统根据学院的现状，直接依托教务信息管理系统的详实的数据资源，参照各级高等院校人才培养教学工作水平评估指标和等级标准以及各级标准对应的主要观测点，协助学院运用网络信息化手段对各类数据进行整合和管理，同时还高效保存院校各阶段历史数据及发展路径，为学院的长久发展提供了有利的依据。

　　系统采用 Web 风格界面，高校可以自行查看、导出评估结果，及时修正实时评估数据，进行历史评估数据查询与统计或者导出、导入基础数据信息，从而实现基础数据信息管理的科学化和规范化。

　　如：针对师资队伍建设中学生与教师的比例，专任教师和兼职教师的结构等，系统不仅可以提供准确的数字资料，还可以实时监控，为校方提出解决意见，为实施教学水平的评估做好基础的准备工作。

　　系统不但大幅降低各部门统计数据及计算的工作强度，还规范校内各类数据定义及分类的标准和规则，促使各部门在统一标准下协同工作、提高效率，减少数据误差带来的重复劳动，对于各类型的高校来说都具有着很好的辅助作用。

一、信息化流程规范

需要制定涵盖各职能部门的明确的管理规范和科学合理的业务流程，从行政管理上、规章制度上保障信息化建设的健康发展。

通过数字化校园的建设，帮助各业务职能部门，调整原来不合理的业务流程，建立各业务部门的业务流程标准。把不断深入的教学改革与学校信息化紧密地结合在一起。学校信息化利用信息技术实现教育现代化，更是学校业务流程再造的重要途径。在项目建设过程中，根据对国内部分院校的调研情况出具相关规范文档，并与各业务部门沟通，共同对原有的不规范流程进行调整、优化。最终建设起学校的规范化的管理、业务流程，利用信息化手段帮助学校实现教育现代化。

二、校领导综合管理平台

（一）建设目标

传统的数据都是围绕各业务部门或单元的业务进行积累，并不能给校领导提供全局数据的展现。通过信息化手段不断完善学校核心业务的管理，并积累大量围绕人事工作、教学工作、学生工作、数据上报工作等业务相关数据。

在积累了大量业务数据的基础上，利用信息化工具梳理数据、积累信息资源、规范信息管理，以师、生角色为主线，提供跨部门立体式的人事、教学、学生工作等综合查询服务。为学校整体了解、改进各方面工作提供动态、真实、可靠的依据，促进学校各部门协调运作，提高学校管理水平，帮助学校管理部门建立先进的管理模式。

（二）建设内容

校领导综合管理平台的功能主要包括：校长驾驶舱、工作审批、教学质量统计、办学指标统计、学生电子档案、教职工业务档案教职工情况统计、各院系教职工情况分析、中高职统计报表等。校领导可查看一天学校的重大事件、一学期或一年度的学生情况和教职工情况变化。每年学校的办学指标变化等。

1. 校长驾驶舱

从校领导的视角,将待办事务、待阅文件、学校日常事务(如学生德育考核、教师开课状态、校级活动、会议等)、重要办学指标等学校主要的运行数据集中展现、集中办理,提高办事效率,让校领导能实时掌握学校运行状况。

2. 学生情况统计查询

可分析历年学校的学生总数、民族分布情况、政治面貌情况、性别情况、全校报到人数、全校注册情况、奖助情况、违纪处分情况、就业率情况、资助覆盖面、生均资助金额等信息。

3. 学生工作动态

完成对学生关注的信息和服务的组织和整合,掌握学生整体动态,实时监控学生工作的开展情况,辅助决策。提供一站式的学生工作信息查询服务,如:可以查询与个人学习、生活相关的各种信息,包括个人信息查询、报到流程查询、迎新公告查询、缴费查询、课表查询、成绩查询、奖学金获奖情况、荣誉称号获得情况、困难生情况、资助活动情况、住宿信息、职业资格考证信息、顶岗实习信息、就业信息等。

4. 教职工业务档案查询

校领导可查询教职工的业务档案,包括基本信息、岗位职务信息、学历资质信息以及个人相关的学历简历、工作简历、家庭成员、岗位信息、职称信息、党政职务信息、获奖信息、惩处信息、考核信息、挂职锻炼信息、职业资格证书信息等。

5. 专任教师情况统计

针对专任教师，实现按专业技术职务、性别等多种常用维度统计分析其年龄情况、学科情况、获得的学历学位情况、岗位分类情况等；可分析全校专任教师的人员趋势、所占比例情况、人员变动情况等；可了解学校双师素质教师的人员结构分布情况等。同时可为中高职基报表上报提供对应表的人员数据，方便上报及数据分析。

6. 聘请校外教师情况统计

针对聘请校外教师，实现按专业技术职务、性别等多种常用维度统计分析其获得学历学位情况、岗位分类情况等；可分析全校聘请校外教师的人员趋势、与专任教师人数历年比较分析；可了解学校各类授课聘请校外教师中双师素质教师所占比例情况。同时可为中高职基报表上报等提供对应表的人员数据，方便上报及数据分析。

7. 教职工情况统计

针对全校所有教职工，实现对其按专业技术职务、性别等多种维度，进行人员结构分布、政治面貌等其他情况的统计分析，同时可按年度统计教职工的人员变动、用人方式、合同签订情况，了解退休人员及教职工的人员趋势情况；同时可为上报提供基础数据，方便上报及数据分析。

8. 各院系教职工情况分析

可分析各院系部处之间教职工（包括专任教师）的年龄情况、政治面貌情况、学历情况、职称情况、性别分布、人员结构分布、专任教师授课情况、聘请校外教师授课情况、双师素质教师人员比例情况等；可为校领导提供学校常用的各院系部处之间教职工综合信息的对比分析，方便了解学校各级各类部门之间教职工各级各类人员各方面情况的差异性，可帮助领导分析各院系部门之间的人力资源竞争力，辅助决策分析。

9. 办学评估指标统计

办学评估指标模块主要是从办学指标上反映相关方面学校的情况：生师比、生均图书、生均年进书量、生均教学科研仪器设备值、百名学生配教学用计算机台数、百名学生配多媒体教室和语音实验室座位数、生均占地面积、生均学生宿舍面积、生均教学行政用房、专任教师中高级职称占比、专任教师中研究生学位教师占比、新增教学科研仪器设备所占比例等。

三、用户服务内容规划

（一）学生服务

学生可以根据自己在校的不同生命周期，通过不同的身份（新生、在校生、毕业生）访问到不同的信息化服务内容。平台将数字化校园能够为学生提供的各类服务进行精心的组织和聚合，通过统一的界面集中进行展现。

（二）教师服务

教师服务可以让教师可以通过统一的平台，获取来自于教务、人事、科研、总务相关部门的信息服务，集中地进行各项事务的处理。

（三）领导服务

校领导和部门领导可以即时查询到学校各项管理数据，包括学校综合信息查询、综合数据统计、公文处理、会议日程安排、待办事宜提醒等，具体如当前学生总体情况及明细、教师总体情况及明细、当前新生报到结果、教学课表、排考情况、奖学金发放情况、助学金发放情况等各项统计及明细数据。

（四）家长服务

学生家长可以通过家长服务中心查看到学生在校表现情况。包括学生在校消费信息、学费缴纳信息、个人违纪处分信息、获奖获助信息、勤工助学信息、学费减免信息、成绩信息、宿舍违章违纪信息、品德操行表现信息、注册信息、课表信息等。

（五）校友服务

校友可以了解学校的最新动态，可以继续选修学校的网络课程，可以和老同学交流，给母校提供建议等。

（六）企业服务

企业可以在网络平台上查询学校的各项信息，包括毕业生信息，可以给学校提供专业建设和课程建设建议等。

（七）公众服务

社会公众可随时了解学校动态，如招生计划、毕业生信息、毕业去向、活动组织等，为学校增加知名度。还可以为公众提供在线课程学习和点播。

（八）移动门户信息服务

移动门户用于展现学校现有的与即将建设的管理系统、与个人相关的教科研协作应用系统的内容，实现统一面向个人的信息接入服务。

移动门户的内容主要包括"消息中心"、"新闻"、"校园风光"、"校园日历"、"校园电台"、"校园地图"、"通讯录"、"班车查询"、"学校概要"和"失物招领"共计 10 个应用版块。

第13章　校企合作服务平台

一、校企合作服务平台的功能模块

　　网络化校企合作服务平台是利用 Internet 作为信息传输和共享的主要载体，通过相应的网络化服务系统的支撑，进行学院与企业

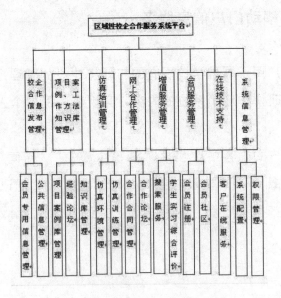

区域性校企合作服务平台

间各类信息实时动态交流。作为一个能支撑区域性网络化校企合作的服务平台，应该具备信息服务空间、协作空间等。对于院校来说，它既可以通过该平台找到更多的合作企业，又可以利用该平台集众多企业实际经验的知识库仿真培训自己的学生；对于企业来说，通过该平台可以让更多的本行业新生力量了解自己的企业扩大知名度，又可以通过该平台达成的校企合作协议让学生在自己企业实习，零距离较充裕时间观察学生，从而选择最适合本企业的人才，降低招聘成本。在对现有校企合作状态进行分析的基础上，结合院校及周边地区相关行业的特点，在该平台中将常规的网络信息服务和校企合作相结合，以实现对各种合作关系的网络化校企合作模式的支持。总的来说，该校企服务平台大致可以分成 8 大功能模块：系统信息管理模块；校企合作信息发布管理模块；项目案例、工作方法知识库管理模块；仿真培训管理模块；网上合作管理模块；增值服务模块；会员服务模块；在线技术支持模块。系统功能模块如图所示。

二、分期规划策略

从学校信息化建设的过程来说，这是一个长期过程，不可能一蹴而就。数字化校园建设多处于起步阶段，项目建设内容多，涉及面广，并且各个环节相互关联。因此在建设过程中，需要根据学校各个部门的需求和业务流程的特点，有计划、有步骤、有策略地实施。

（一）搭建基础框架，积累教学资源，管理服务并行

应用系统建设基础薄弱，由于没有从学校整体规划，部门级应用系统"数据孤岛"现象严重。加上应用不深入，对于学校来说解决信息化支撑不足的困难是首要的。在这种情况下，学校需要将主要的业务部门信息管理系统优先建立起来，为业务应用提供基础支撑。类似教务处、教研处、学生处等核心部门是本期建设考虑的重点。

一阶段建设"以教学为核心，以管理信息化应用的建设作为切入点，搭建基础的信息化环境，积累教学资源，以为'师生服务'为亮点，以点带面，从而推进全局的协调发展"。包含以下几个方面：

1．在建设过程中，完善硬件基础设施建设。

2．建设阳江职业学院信息化建设标准规范。

3．搭建健壮、可持续发展的应用基础平台，完善学校信息化长期发展的、整合的应用框架，实现数据、消息、内容的有序、稳定、高效管理，使得学校宝贵的信息资源得以有效的积累；为数字化校园建设过程中校级的综合数据应用分析提供丰富、权威的数据来源。

4．以教学为核心，建设校级校务管理应用，解决管理难题，促进教学管理与德育管理的自主化与智能化，提高管理效率。

5．建设共享型教学资源库，积极整合教学资源，使公共资源校本化；不断丰富校本课程，使校本课程社会化；打造学校优势课

程资源，使精品课程特色化。

6. 构建面向师生的服务平台，延伸信息化体验的广度，方便师生获取学校的信息化建设资源，提升师生用户的使用满意度。

7. 另外，基于学校业务数据的积累，构建跨部门、跨业务的、面向不同主题的综合数据应用，一方面满足各级领导决策支持的需求，另一方面综合数据展示不断检查学校数据积累情况，督促职能部门对管理信息组件的使用。

8. 建设运维保障体系，保障数字化校园成果。

9. 进行数字化校园应用知识与基础操作培训。

（二）推进综合管理应用，深化和提升信息化服务内涵

在第一阶段建设成果的基础上，进一步开展综合管理应用的建设，加强应用内容的扩展和深化。

1. 不断覆盖学校核心用户——即"教师、学生、管理者"全生命周期的综合服务。

2. 完善和丰富校长综合管理平台的内容，为决策提供支持。

3. 建设网络教学平台，以学生为中心，为学生学习不受时间和空间限制。并且可以依托网络教学平台进行社会培训。

4. 建设试题库管理平台，教师可以日常积累试题，在考试时可以进行随机组卷，也可运用于网络教学中的随堂作业和测试。

5. 建设智能录播系统，实现课堂授课与实训指导的录播、网上传输与点播，方便师生与公众使用。

6. 建立家校互动平台，引导家长参与日常教育，创造家校互

动和谐教育机制。

7. 搭建学校网站，建立内容丰富的网络信息资源，完善学校对外宣传窗口，塑造学校教育品牌形象。

8. 建设一卡通系统，并且和数字化校园进行有机结合。

9. 以较为容易推广的面向广大师生之间的"协作交流和教学服务"为亮点，构建班级社区、课程社区、社团社区等，不断渗入到师生日常的教学、生活过程中，增强人与人之间联系的黏性，促进师生自我服务意识的提升，提升师生信息化素养。

10. 带动和监督行政部门管理能力的提升，完成应用系统使用的推进，提升用户满意度，全面提高全校信息化应用的水平，使各种管理更加及时、有效、直观和智能。

11. 逐步推广移动校园，选取移动应用中较重要的"移动教学"与"移动办公"，打破传统教学的时间、空间限制，形成学校、教师、家长和社会在内的校内外教育资源合力，促进教育的可持续发展。

12. 建设运维保障体系，保障数字化校园成果。

13. 进行数字化校园操作培训与日常维护等专业培训。

（三）丰富移动校园应用，促进家校企互动沟通

在第二阶段建设成果的基础上，进一步开展移动校园的建设，加强应用内容的扩展和深化。

1. 建设移动迎新、移动生活服务等内容。使全校师生步入全面数字化学习与生活中。

2. 增加移动社区，为家校企提供移动交流方式。

3. 完善校级的综合数据应用分析，开展数据主题分析研究。

4. 根据学校实际情况完善运维保障体系，保障数字化校园成果。

5. 进行师生综合素养提升培训。

通过以上 3 个阶段的建设，彻底提升学校信息化的层次，满足各类不同用户的管理、服务、决策等需求，为未来的数字化校园的建设打下坚实的基础，为后续学校的信息化发展提供有力的保障。

第14章　科研管理信息系统

科研管理系统实现对高校研究所和科研项目进行有效管理以及对科研活动的全程跟踪。为科研参加人员和科研管理人员服务，既能实现对科研信息的高效率管理和控制，又能满足研究所的决策者对科研活动的宏观管理与决策的需要，还能够为学院（院系）对研究所的科研、工作评价以及研究所对科研人员的评价提供依据。

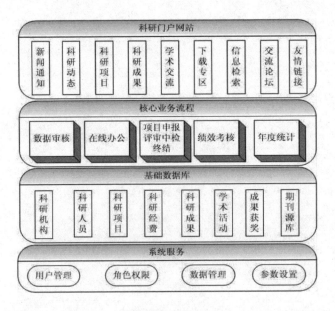

系统功能框架图

科研管理系统包括系统维护、科研机构、科研人员及科研管理人员、科研立项、科研合同、科研经费、科研设备、科研评估、科研论文、科研成果/专利等功能模块。

系统从结构上可以分为 4 个部分，即科研门户网站、核心业务流程、基础数据库和系统服务。基础数据库是系统的基础，它包括机构、人员、项目、经费、成果、学术活动、获奖等信息。基于基础数据库，结合科研的日常管理，系统提供了数据审核、在线办公、项目流程管理、绩效考核以及年度统计等核心业务流程。科研门户网站是科技处对外发布信息的门户，能提高科技处的知名度，系统中能将基础数据和门户网站相结合，在门户上及时发布动态的科研信息。系统服务提供了用户、权限、参数设置以及安全方面的功能。参见系观功能框架图。

一、功能模块

系统从功能模块上划分可以分为辅助办公、门户网站、科研机构、科研人员、科研项目、科研成果、学术活动、数据分析、科研考核、年度统计和系统维护等模块。这些模块具体的实现了各种科研业务管理。

二、具体功能

（一）系统维护管理

系统维护主要包括权限控制、基础代码维护、各种设置等。

权限控制主要包括角色的创建及授权，用户创建及授权，口令维护，个人信息维护等功能。

基础代码维护主要包括科研人员基础数据代码、项目基础数据代码、科研成果基础数据代码、学术交流基础数据代码等数据的维护。

各种设置包括论文形式、论文语种、学院基本数据、上报数据等数据管理。

（二）科研机构管理

科研机构管理，记录科研院所的科研机构情况，科研机构管理作为科研项目管理信息平台的一个基础内容，在各类统计与查询中起重要作用。包括科研机构管理、科研机构人员管理、科研机构查询等功能。

（三）科研人员管理

科研人员是指对从事科研工作的老师、科研管理人员、相关的科研辅助人员的管理，包括人员库的管理和人员统计两部分。

人员库管理通过人员库的管理，科研处可以及时掌握学院科研人员的基本情况。人员信息包括的所在机构、姓名、职工号、年龄、性别、职称、职务、学科、学位、学历、学科方向、学术特长和联系方式等。其原始数据可以直接从学院人事管理系统中实时转入所需要的人员信息，也可以从历史数据进行转换并进行及时的更新。

人员统计通过人员统计功能，科研处管理人员可以设定各种统计条件，并生成相关的统计分析图（注：在项目、项目经费、科研成果都可以生成相应的统计图）。

（四）科研项目立项管理

立项前管理、项目评审、开题、建立课题信息、结题、课题存档（即建立科研档案）等几个部分。

（五）项目的申请和提交

申请和提交具有时效性。
项目性质分横向、纵向。

项目进度表的提交。

提交成果增加软件著作权。

项目申报不同类型项目使用不同表格。

申报具有继承性，不需重新输入相关内容。

提供相应的附件上传功能。

（六）项目审核

审核的分级和时效性。

导出相应表格供校外专家评审。

项目立项后有项目的中期检查（项目的进度审核）。

项目库管理是指对立项后项目进行管理，包括不同来源、不同级别、横向纵向等各类项目。项目主要包括如下一些信息：项目所属机构、名称、分类、类别、性质、级别、立项情况、进行状态、结项情况、成员组成情况、经费情况等。其工作量可以在项目组成员中分配。

（七）科研项目合同管理

科研项目签订合同、合同的执行情况等合同管理。

（八）科研项目经费管理

对科研项目经费的使用进行管理，经费管理是理工类高校科研管理的重点之一，本系统从项目到款经费、年度经费、支出经费进行管理，同时能生成到款分割单，对项目经费进行管理。并能对各种经费情况进行统计。

经费的各项比例由财务提供，经费、劳务费的查询统计。

（九）科研项目设备管理

对本科研项目所涉及的设备进行管理。

（十）科研项目评估、考核管理

主要以在多个方面总结的基础上，科研基本信息人员基本信息和协作单位信息资金基础上做项目评估。可以在技术成果、专利信息、经费情况总结。

科研考核主要是通过建立科研工作量的量化指标和设置岗位考核标准，通过对科研项目、科研成果、科研奖励、学术交流等信息的综合分析，计算科研人员和科研单位的科研工作量，由系统所设定信息自动判断是否通过考核。考核流程为：设立考核批次，在考核机构表中，针对不同机构进行机构人员考核。

对学院进行考核，按单位、学院汇总（人数、论文成果数、经费），单独列出。

对个人进行考核、汇总、排名（进行相应奖励）。

按现实进行考核，不同职称不同比例。

科研论文信息管理

　　完成对论文论著信息的管理。能够对论文论著信息进行登记、查看。

　　科研成果/专利管理/学术交流

　　管理项目相关的成果与专利情况，专利信息包括专利申请信息、法律状态、向国外申请专利、专利实施、专利奖励与酬金、专利费用、专利纠纷与调处信息。管理科研院所的专利授权资料。

　　科研成果一般可以分为科研论文、著作、获奖、成果转载、鉴定成果、艺术作品、专利等。科研成果的工作量可以在项目组成员中进行分配。

第 15 章　学报网络化平台建设

一、网络化平台建设的目的

1. 提高效率（服务质量）

作者投稿、查稿效率；

专家审稿效率：无处不在的审稿；

编辑办公效率；

缩短出版周期。

2. 实现 OA 出版，提高刊物影响力。

3. 为扩大影响建立基础平台。

4. 发展的需要。

二、学术期刊网络化平台包含的内容

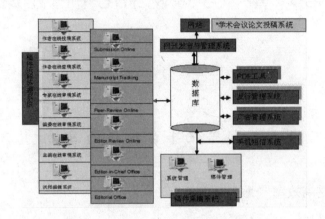

（一）作者服务的网络化　自动化

1. 避免 Email 投稿的弊端。

2. 提供尽可能多的信息支持：MSC2000、PACS、类似文章、论文模板、PubMed 查询、版权协议。

3. 实时了解投稿成功信息，自动答复、缴费提示、大致进度的说明、审稿程序、录用标准、退稿答辩。

4. 及时受理。

5. 在线查询稿件处理进度。

6. 在线查询费用缴纳和发票信息。

7. 提供在线生成录用通知。

（二） 为审稿人提供同行评议的网络化平台

1．随时随地地审稿

告别邮寄；降低审稿成本；缩短审稿周期；

2．随时查阅审稿意见。

3．自动确认审稿完成、自动答谢审稿人。

4．及时提醒、催审。

（三） 为编委、主编提供网络化办公平台

1．为编委、主编提供开放式审稿平台：全面的信息提供。

2．数据库支持：审稿人数据库：态度、时效、工作量、审稿记录等。

（四） 为读者提供易查、易用、更主动的服务平台

1．与同行期刊、国外知名期刊相熟悉的界面。

2．易于使用和引用。

3．多角度的引申阅读。

4．主动推介服务：Email Alert、RSS 服务。

（五）编辑办公的网络化、自动化

1. 收稿

2. 送审

3. 加工

4. 录用

5. 退稿

6. 费用管理

7. 多角度统计分析

8. 一体化的实时协同办公平台

（六）学术期刊网络化平台实例

第 16 章　实训室与设备管理系统

　　实训室与设备管理系统是面向学院实训室与设备管理职能部门的管理人员以及各部门的实训室管理人员、设备管理员、设备采购项目负责人的管理系统，也可以供全校师生查询实训室与设备方面的有关信息。

　　系统分为三大部分：实训室管理、设备管理、耗材管理。3 个部分构成一个有机的整体，其中实训室管理部分直接引用属于实训室的场地资源（由房屋管理系统管理）、设备资源（由设备管理系统管理）和耗材资源（由耗材管理系统管理）信息。

　　实训室管理包含：实训室综合信息管理，实训室场地信息管理，实训室人员信息管理，实训项目管理，实训室预约与开放管理，实训室利用情况记录、统计与分析、使用效益评价等功能。

　　设备管理包含：设备计划管理，设备采购管理，设备验收管理，设备账务管理，设备维修管理，设备异动管理，设备处置管理等功能。

　　耗材管理包含：耗材计划管理，耗材采购管理，耗材账务管理，耗材使用管理、耗材库存管理等功能。

　　编码表：部门代码表，地址代码表，国别代码表，设备分类代码表，资产类别表，使用方向表，采购方式表。

一、实训室管理系统

"实训室综合信息管理"：能编辑、查询全校实训室概况图文，实训室介绍，实训室功能，实训室拥有资源情况，能开设的实训项目，实训室主任与相关管理人员及其联系方式等信息。点击任何一个实训室，能进入各实训分室，各实训分室的信息基本上与实训室信息相同；点击任何一个实训分室，能进入各实训单元，实训单元含有各种资源信息、实训计划与运行记录等信息。可对各种信息进行统计、分析与评价，形成各种报表。

实训计划要与教务处教务管理系统相协调，共享教务管理系统的信息。对于到实训室工作的老师，系统要反映老师"常驻"和"流动"类别的不同。系统应能够记录教师在实训室的工作信息，为佐证"双师型"提供依据。

实训室场地资源管理要与全校房屋管理系统相协调，共享房屋管理系统的信息。

实训室设备资源管理要与全校设备管理系统相协调，共享设备管理系统的信息。

实训室耗材资源管理要与全校耗材管理系统相协调，共享耗材管理系统的信息。

房屋、设备、耗材等物资的管理又分为固定资产与非固定资产的管理。

为方便管理，系统需要提供如下关于实训室、分室、基本单元的资源信息、运行信息等静态和动态管理功能、各类指标评估等。

(一) 实训室综合信息管理

实训室编码、序号、名称、所属管理部门、所包含的实训分室数与名称及其代码、所包含的实训单元数、室内建筑面积、地址（校区、楼、层、号）、设立日期、定置图、设备总值和台（套）数、实训室简介、实训室功能、实训室主任及其联系方式、实训室专职管理人员人数。

(二) 使用信息管理

使用时间、时段、场地使用人数、时数；设备使用人数、时数；使用类型点击选项填写（教学、培训、鉴定、科研、服务、生产、课外活动）；使用满意度点击选项填写（优、中、差）。设备状况，默认为"正常"，不正常时要注明具体设备编号及故障现象，供维护人员查询维护。过时后补录入无效。

(三) 外部数据管理

主要负责处理与相关系统的数据交换，如教务系统、设备系统。

1. 教务排课数据转换。

2. 设备仪器数据转换。

（四）实训预约管理

经身份认证，本校学生、教师通过网络上的任一计算机操作，能在计划安排有空档的时段进行教学、培训、鉴定、科研、服务、生产、课外活动各类实训的预约，以提高实训基本单元资源的使用效率，实现实训室全天候开放。整体操作须简单方便。

1. 预约申请、修改、删除。
2. 预约审批。

二、设备管理系统

设备管理系统针对不同的使用对象，系统划分为两个部分，分别采用浏览器/服务器方式和客户/服务器方式实现。

设备管理系统包括设备计划管理，设备采购管理，设备验收管理、设备账务管理，设备维修管理，设备异动管理，设备处置管理、设备清查管理、设备利用管理等功能。

在计划申报、计划审批阶段，需要按批次进行录入、添加、修改、删除、提交等操作。在后期管理阶段，不能对项目或条目进行添加或删除等操作，只能对指定项目或条目进行修改操作。

管理系统需有查询功能，各操作人在操作时应随时能查询到需处理的相关的完整信息，可查询处理和审批结果。管理系统涉及到的相关管理人员（含参与审批的领导）应能查询所管辖范围内的项目和条目信息。经过授权的校内其他人员可通过 IE 浏览器查询入账后的设备的一般信息，不能查询采购过程中的相关信息；校外访问者可查询对外开放的仪器设备信息。根据设备类别和设备名称等不同属性，可以实现模糊查询和详细查询。根据输入的查询条件，可统计出满足条件的设备的总数和总价等信息。对于专项统计，则需提供满足要求格式的专项报表。

对系统数据应有定期维护整理和备份功能，保证系统的安全性和运行速度。

对各种数据查询结果可以生成 HTML、MS – WORD、MS – EXCEL、RTF、TXT 等不同格式文件的报表，也可直接打印。

（一）设备计划管理

设备计划管理用于设备采购计划的申报与审批，由学院各二级管理部门组织计划申报，设备处组织按规定程序审批，按审批结果执行采购。

申报结果按规定格式组织，本部门主管领导审批。

设备处根据申报材料进行初审（专责人预审、设备处初审），经学院设备管理领导小组审议后报学院领导批准后执行，年度计划须经市财政审批同意后才能执行。

计划申报可以在系统中申报，申报后可输出成报表；也可以 Excel 表的形式申报，直接导入系统中。

计划审批结果可以直接在系统中审批形成，可输出成报表；也可以 Excel 表的形式将审批结果直接导入系统中。

（二）设备采购管理

设备采购管理模块为设备计划管理模块的后续模块。只允许有计划并经过审批后的项目和设备才允许采购。因此采购阶段的数据均来源于计划管理阶段，直接从系统中获取。系统应有检查和提醒功能（提醒项目负责人和专责人），确保获批准的所有项目都能按时完成采购。

采购开始执行时，需重新组织采购项目（采购项目的内容与计划项目的内容可以不同），并将采购要求通过网上申报到市采购中心。组织采购项目时，以通过审批的计划采购项目为基础，但可以在计划项目的基础上重新组织。例如，可以将多个计划项目合并为单个采购项目，将单个计划项目分拆为多个采购项目，将多个计划项目中的部分设备条目合并为单个采购项目等。

（三）设备验收管理

设备验收管理模块为设备采购管理模块的后续模块，以同批、同型号的设备为单位进行（而不是以同一项目为单位进行）。设备验收分技术验收和入账验收；技术验收通常由设备使用部门组织进行，入账验收由设备处进行。

所有的采购项目都必须经过验收阶段。技术验收结束后才能进行入账验收。

（四）设备账务管理

设备账务管理模块为设备验收管理模块的后续模块。每一个采购项目进行一次账务管理操作。账务管理须对采购项目中的所有采购条目进行入账处理，根据资产类别不同将采购条目入账为设备、低值工具、耗材等。入账记录时，须提供方便的分类号和国标分类号查询功能。入账后，需将相关资料进行归档处理（设置资料归档标志）。

（五）设备维修管理

设备维修管理模块为设备后期使用与管理的独立模块，其基本信息来源于设备账务管理模块。

设备维修管理分报修、审批、维修记录3部分，报修由设备使用部门提出，审批由设备使用部门、设备处、计财处、院领导按审批权限共同完成（维修费超过一定限额才需提交设备处及其后续审批，否则部门审批即可），维修记录由报修部门完成。3个部门分成3个环节提交。

输入需维修设备的"设备编号"，获得需维修设备的基本信息。每一次报修，可同时保修多台（套）的同种设备。

（六）设备异动管理

设备异动管理模块为设备后期使用与管理的独立模块，其基本信息来源于设备账务管理模块。

设备异动管理分申报、审批、调账 3 部分，申报由设备使用部门提出；审批分使用部门审批和学院审批两种情况，同一"使用方向"在使用部门内部异动的设备，由设备使用部门内部审批；其他形式异动的设备，由设备使用部门、设备处、校领导按审批权限共同完成审批（贵重设备的异动需校领导审批）。审批完成即可自动完成设备调账。异动时更改的字段有"使用方向"、"使用部门"、"放置地点"、"设备管理人"。

（七）设备处置管理

设备处置管理模块为设备后期使用与管理的独立模块，其基本信息来源于设备账务管理模块。

设备处置管理分设备（含其他物资）损坏、丢失处理与设备（含其他国有资产）处置两部分，损坏丢失主要是申报与处理，处置主要将不能用或不合用的设备处理掉。一旦获批准处置的设备，需从数据库中注销其数据（数据不删除，设置处置标记，正常情况下不显示，可特别查询）分两个操作界面来进行操作，可同时处置多项资产。

（八）设备清查管理

设备清查管理模块为设备后期使用与管理的独立模块，其基本信息来源于设备账务管理模块。

设备清查管理主要是利用条码枪来采集（扫描设备条码或输入设备号）设备实物的数据，将采集的数据与设备管理系统中的账务数据进行比对，汇总和分析现有设备实物情况，形成清查报表。

清查工作由部门设备管理员或指定人员完成，采集的数据导入到设备管理系统中，设备清查管理模块可对清查情况进行查询、确认、统计、分析等工作。

设备清查管理模块数据表所包含的字段增加有：盘点日期、盘点人、信息采集方式（扫描、手工）、清查标记（已查、未查）、异常情况等。

（九）设备利用管理

设备利用管理模块为设备后期使用与管理的独立模块，其基本信息来源于设备账务管理模块。

设备利用管理模块主要是对设备的实际利用情况进行管理。使用部门须将指定设备的使用情况和利用指定设备所做的工作业绩及时进行录入（也可以一次导入指定格式的电子表）。

设备的日常使用记录等数据需日常录入，部分相关数据则提交申报材料时一次性录入，还有一些数据则可从设备管理系统中或其他管理系统中直接获取（能够直接获取的要尽量获取）。直接使用仪器设备完成科研、培训工作的，在有关的科研管理系统、培训管理系统中应包含有被使用的仪器设备的设备编号，以便减少重复录入，直接获取所需的数据。